GÉOGRAPHIE MILITAIRE

GRANDES ALPES — SUISSE

ITALIE

ERRATUM IMPORTANT.

Au bas de la page 27, par suite d'une transposition de lignes, on nous a fait dire que l'armée française avait traversé les Alpes, en 1800, par le Petit Saint-Bernard au lieu du Grand Saint-Bernard.

Paris. — Imprimerie L. Baudoin, 2, rue Christine.

GÉOGRAPHIE MILITAIRE

II

GRANDES ALPES—SUISSE
ITALIE

PAR

le Colonel NIOX

3e ÉDITION

ENTIÈREMENT REMANIÉE

avec une carte et plusieurs croquis dans le texte.

PARIS
LIBRAIRIE MILITAIRE DE L. BAUDOIN
IMPRIMEUR-ÉDITEUR
30, Rue et Passage Dauphine, 30

1891

PRÉFACE

DE LA DEUXIÈME ÉDITION.

Cette deuxième édition du tome II de la *Géographie militaire* a été si complètement remaniée qu'elle forme en réalité une œuvre nouvelle. On peut s'en rendre facilement compte par un simple examen de la Table des matières. Mais, loin de développer le texte primitif, nous nous sommes efforcé de le condenser et de le réduire dans toutes les parties purement descriptives; nous avons, au contraire, donné plus d'importance aux considérations d'ordre général, politiques ou militaires, et nous avons même essayé, en différenciant les caractères typographiques, de mettre le lecteur à même de reconnaître, à première vue, les pages qui n'offrent qu'un intérêt spécial de nomenclature géographique.

Nous avons supprimé les chapitres relatifs aux Alpes franco-italiennes, que l'on trouvera détaillés dans le tome Ier : *France*, et ceux qui se rapportaient au *Tirol*, et qui ont pris place dans le tome IV : *Autriche-Hongrie*.

La *Géographie militaire de l'Europe*, formant actuellement un ensemble complet, il fallait, autant que possible, éviter les répétitions inutiles.

Nous nous conformerons désormais à ce principe pour les nouvelles éditions de chacun de ces volumes, cherchant ainsi à cimenter les éléments d'une œuvre dont la conception et l'exécution ont été nécessairement successives ; mais nous ne prétendons pas, cependant, que ces éditions nouvelles soient définitives. Loin de là, une Géographie vieille de plus d'un lustre, est surannée. Un auteur consciencieux doit sans cesse recommencer son labeur. La dernière page d'un livre n'est pas encore sortie des presses qu'il faudrait pouvoir retoucher les premières.

En effet, l'état géographique d'un pays est en transformation permanente. Les limites se modifient; la situation économique varie. Des tunnels sont percés dans les montagnes et le mouvement commercial se déplace en conséquence. Un petit port acquiert, par suite, une importance exceptionnelle, tandis que de grandes places s'appauvrissent. Des perfectionnements sont apportés au système militaire du pays; des fortifications nouvelles ont été construites, des lignes ferrées ont été ouvertes, et les conditions stratégiques des échiquiers de guerre se trouvent notablement changées.

Puis, les études se perfectionnent ; chaque jour on connaît mieux la terre, même la vieille terre du monde latin, sur laquelle, depuis deux mille ans, s'accumulent les renseignements. La géologie, qui a des rapports si intimes avec la géographie, sort du domaine savant pour entrer dans le domaine populaire ; elle se vulgarise, et, en se vulgarisant, elle se simplifie. Aux hypothèses hardies de quelques novateurs, se substituent des idées plus mûries, plus scientifiques et plus probables.

Il faut donc sur le métier sans cesse remettre son ouvrage ; et, pour ne point se décourager, en recommençant sans cesse cette toile de Pénélope, on peut, avec satisfaction, comparer ce qu'étaient les études géographiques en France il y a quelques années, et voir le chemin parcouru depuis. Nous y avons collaboré de notre mieux.

Février 1885.

Nous avons, dans nos publications antérieures, émis ce principe qu'il fallait orthographier les noms géographiques comme ils s'orthographient dans la langue locale.

Il y a toujours fort loin du principe à son application, et le jour n'est pas proche où les Français, par égard pour la rectitude géographique, diront Roma, Torino, Venezia.

Il y aurait vraiment trop de prétention à vouloir heurter des habitudes aussi générales; nous avons donc fait céder les principes; mais nous demandons à rectifier le genre des rivières, ce qui ne peut présenter que des avantages sans autre inconvénient que de choquer, pendant un certain temps, quelques oreilles habituées à une autre consonnance.

Nous dirons donc le Brenta, le Piave, le Sarca, etc., puisque les Italiens ont fait de ces noms des masculins et qu'il n'y a aucune raison pour ne pas nous conformer à leurs usages. Dans cet effort de redressement, nous avons fait sans doute quelques omissions; elles seront corrigées plus tard.

PRÉFACE

DE LA TROISIÈME ÉDITION.

La troisième édition de ce livre a été complètement remaniée comme la précédente.

Des détails nouveaux ont été donnés sur le système de défense de l'Italie et plus particulièrement sur les nombreuses fortifications construites depuis peu ou encore en construction sur la frontière française.

Les notes relatives à l'armée italienne ont été soigneusement mises à jour à la date de 1891.

Un chapitre nouveau a été consacré à l'expansion coloniale de l'Italie, dont les progrès en Afrique sont si intéressants à suivre.

Cependant, on trouvera l'édition nouvelle de ce livre plus réduite, c'est-à-dire plus condensée que la précédente.

A notre gré, elle n'est pas encore assez serrée ; mais, suivant la phrase célèbre de Pascal : « Il faut beaucoup de temps pour faire court », et la géographie de l'Italie n'est qu'une petite partie d'une œuvre à laquelle nous avons déjà consacré nos meilleures années et que nous sommes loin d'avoir terminée.

Juin 1891.

LES FRONTIÈRES.

Il est très difficile, en étudiant, au point de vue politique et militaire, les moyens de défense des États, de tenir compte tout d'abord de la frontière politique, quand cette frontière ne se confond pas avec quelque grand accident naturel ; mais il est nécessaire de se rendre compte des causes qui ont influé sur le tracé des frontières.

Après de longs siècles de luttes, pendant lesquelles les peupes de l'Europe ont été soumis à un mouvement incessant de flux et de reflux, tantôt pressés par des tribus nouvelles venues de l'Orient, tantôt réagissant contre elles, les populations se sont définitivement attachées au sol et se sont groupées en sociétés qui se sont lentement constituées et ont grandi avec des péripéties variables. L'occident de l'Europe est devenu, comme nous l'avons dit[1], le domaine des Celtes; des peuples de race germanique s'y sont établis à leur tour, mais les uns et les autres ont été fortement impressionnés par la civilisation romaine, et la France de nos jours, gardant cette empreinte, fait partie, avec l'Italie et l'Espagne, du groupe des peuples néo-latins. Le centre de l'Europe est devenu le patrimoine des peuples germains; l'orient, celui des peuples slaves. Mais, entre ces trois grandes familles : latines, germaines et slaves

[1] Voir *Notions de géologie, de climatologie et d'ethnologie.*

qui se partagent l'Europe, il n'y a aucune limite précise; sur les confins, les races se sont mêlées.

Lorsque les sociétés, en se consolidant, ont constitué des États, les princes ont cherché à augmenter leur puissance en agrandissant leurs domaines; de nos jours, sous l'empire des préoccupations modernes de droits des peuples, de justice générale, d'harmonie universelle, on s'est préoccupé théoriquement de chercher quelles limites équitables il convenait d'assigner à chaque peuple; deux systèmes ont été développés : celui des *frontières naturelles* et celui des *nationalités.*

On a entendu par **frontière naturelle** un accident géographique assez important pour former obstacle et pour protéger la vie individuelle d'une nation contre les dangers du dehors : la mer, le désert, un grand fleuve, une haute montagne.

La mer seule constitue un obstacle réel.

Rien n'est, au contraire, plus incertain qu'une frontière du désert par suite de la mobilité des populations qui le parcourent. Ni la France en Algérie, ni la Russie en Asie, n'ont su trouver encore une frontière précise.

Quant aux fleuves et aux montagnes, ils ont pu former barrières entre deux petits États aux époques anciennes, alors que les communications étaient rares; mais, aujourd'hui, entre les grands États modernes, les communications sont trop multipliées pour que ces obstacles ne soient pas très aisément franchissables; puis, il est rare qu'ils dessinent une ligne suffisamment longue pour constituer une séparation entre deux grands pays. Les rives d'un cours d'eau peuvent, tout au plus, servir de démarcation administrative; dans quelques parties, son lit peut avoir la valeur d'un fossé militaire, mais les populations de l'un et de l'autre bord sont, la plupart du temps, de même origine; les grandes villes s'assoient sur les deux rives; le fleuve est une artère commerciale commune aux peuples riverains qui ont des droits égaux à sa possession, en tirent les mêmes avantages et ont les mêmes intérêts à en faciliter la navigation.

Ainsi, par exemple, le Rhin, entre Bâle et Mayence, peut être pris comme frontière naturelle, mais, dans son cours supérieur en Suisse, ce n'est qu'un torrent facile à traverser, et, dans son cours inférieur en Hollande, il se partage en plusieurs bras, et aucun d'eux ne saurait être choisi comme frontière.

Si le Rhin moyen, par exception, a pu être considéré comme frontière naturelle, c'est moins à cause du volume de ses eaux qu'à cause de la direction de son cours, qui était perpendiculaire à la direction de marche des peuples. Les autres fleuves de l'Allemagne, qui coulent dans le sens des méridiens : la Weser, l'Elbe, l'Oder, la Vistule; les grands affluents du Danube, Morava, Ems, Inn, Iser, etc., ont, à certaines époques de l'histoire, joué le même rôle, parce qu'ils formaient, en quelque sorte, le front de bandière des campements militaires des tribus et qu'ils marquaient les étapes successives des migrations de l'Orient vers l'Occident.

Au contraire, ni le Danube, ni le Rhône, quoique plus importants, n'ont jamais été considérés comme des barrières, parce que les peuples en marche en remontaient ou en descendaient les vallées.

La théorie des frontières naturelles a été créée pour justifier certaines ambitions, et les puissants ont toujours cherché à la déformer selon leurs vues. C'est ainsi qu'au lieu de prendre pour frontière naturelle le thalweg du fleuve, on a prétendu la confondre avec les limites de bassin. Des peuples, maîtres d'une partie d'un bassin fluvial, ont prétendu dominer également ses embouchures. Napoléon, considérant que la Hollande n'était qu'une alluvion du Rhin, l'annexa à son empire. Cette théorie pourrait être reprise, à l'occasion, par l'Allemagne sous prétexte que ses intérêts économiques ne lui permettent pas de laisser les débouchésde son principal fleuve aux mains d'une puissance étrangère. L'Autriche-Hongrie pourrait prétendre, de même, se rendre maîtresse des Bouches du Danube. Toutes les violences trouveraient ainsi des justifications et il serait permis alors de méconnaître les droits des peuples faibles.

Peut-on, avec plus d'avantage, se servir d'une chaîne de montagnes pour déterminer une frontière naturelle?

Lorsque par l'élévation de leurs glaciers et l'épaisseur de leurs massifs, les montagnes forment muraille comme les Pyrénées, la frontière naturelle semble s'imposer d'elle-même; mais dès que l'on descend dans le détail du tracé, de nombreuses difficultés surgissent.

Comment déterminer une ligne de démarcation au milieu de l'inextricable enchevêtrement des vallées? La plupart du temps, la ligne de partage des eaux ne suit pas la crête la plus élevée. Les sommets culminants sont presque toujours répartis irrégulièrement sur l'un et sur l'autre versant; que l'on recherche la ligne dominante, ou bien que l'on suive la ligne de partage des eaux, on obtient, dans l'un et l'autre cas, un tracé bizarrement sinueux. En outre, les populations des deux versants sont fréquemment de même race et de même langue. En effet, les Pyrénées, les Alpes elles-mêmes, ne sont pas une limite ethnographique absolue; on parle français dans certaines vallées du Piémont, espagnol dans quelques-unes des vallées du versant nord des Pyrénées, et les familles basques sont restées cantonnées à cheval sur les montagnes; aussi, lorsqu'on s'est occupé de la délimitation politique entre la France et l'Espagne, on n'a, en définitive, trouvé de frontière naturelle que sur les rochers dont la possession n'était utile à personne, et, lorsque l'on a eu à descendre sur les cols par lesquels on communique d'un versant à l'autre, il a fallu adopter pour frontière politique les bornages des paroisses; et c'est ainsi que le tracé de la frontière laisse tantôt à l'Espagne, tantôt à la France les vallées supérieures du versant opposé.

Des observations analogues peuvent se faire dans toutes les montagnes, et l'on verra donc quelle est la difficulté de réaliser dans la pratique cette conception toute théorique des frontières naturelles.

« Le groupement des peuples par **nationalités** ne donne pas un meilleur résultat. Grâce à cette théorie plus dangereuse encore, dont le plus fort est toujours tenté d'abuser vis-à-vis du plus faible, on a, au nom de la philologie, de l'ethnologie, de l'histoire naturelle, méconnu les droits les plus sacrés des populations, leurs volontés, leurs convenances, et, sous prétexte d'une communauté de langue ou de race qui n'implique nullement sympathie de tendances ni d'intérêts, on a parfois rompu des liens que de longues années de vie commune avaient cimentés entre les hommes. »

Ainsi, l'Alsace, si française de cœur, se rattache,

par l'origine de ses populations, au groupe germain; c'est ce qui avait fait espérer aux conquérants de 1871 une prompte assimilation, aujourd'hui démontrée irréalisable; nulle province n'était plus attachée à la famille française et les violences de la conquête n'ont pu modifier ses sentiments.

Quant aux limites des langues qui, d'après cette théorie, devraient servir à déterminer les limites des nationalités, elles sont presque toujours très délicates à tracer; elles exigent une érudition toute spéciale qui viendrait singulièrement compliquer les débats diplomatiques. Très souvent, par suite des péripéties des luttes anciennes, des îlots de population sont isolés au milieu de populations de races et de langues différentes. On trouve en Lombardie, en plein pays italien, des groupes de communes qui ont conservé les mœurs et la langue allemandes. Des colonies allemandes sont noyées au milieu des populations magyares de la Hongrie ou slaves de la Russie. Des slaves vivent en communauté distincte dans la Saxe-Altenbourg et dans la Lusace.

La théorie des nationalités est plus difficile encore à soutenir que celle des frontières naturelles.

Les limites des agglomérations d'hommes de même race et de même langue n'étant jamais très nettement arrêtées, il existe, la plupart du temps, entre deux groupes voisins, une zone intermédiaire de population mixte où les langues sont mêlées. Les limites de cette zone ont souvent varié entre les peuples de l'Italie d'une part, ceux de la Suisse et de l'Autriche de l'autre; entre les peuples allemands et les peuples slaves. N'est-ce pas une utopie de prétendre tracer entre ces États une frontière de nationalité?

Cependant chaque pays cherche à porter ses limites jusqu'aux obstacles qu'il juge favorables à sa propre défense, et à se procurer ce que l'on a appelé, de nos jours, avec quelque emphase, une **frontière scientifique**. Mais la frontière scientifique de l'un ne peut être qu'une frontière inadmissible pour le voisin, et celui-ci aura toujours la pensée de la modifier de gré ou de force, dès qu'il le pourra.

En portant ses limites sur la crête des Vosges méridionales, et en prenant, en outre, un large glacis, en avant des Vosges septentrionales, l'Allemagne a prétendu se donner une frontière scientifique. Cet exemple ne suffit-il pas pour prouver qu'une pareille frontière, imposée par la force au mépris du droit, ne saurait être que provisoire entre deux peuples également forts, qui devaient se respecter mutuellement, mais dont l'un a été, un jour, trahi par la fortune?

Enfin, à défaut de frontière scientifique, chaque peuple pour se défendre, crée une série d'obstacles artificiels, qui constituent sa **frontière militaire.** Celle-ci est plus précise.

La frontière militaire et la frontière politique se confondent rarement. Depuis 1871, la frontière militaire de l'est de la France est tracée en ligne droite de Mézières à Belfort. La frontière militaire de l'Allemagne est le Rhin. Entre ces deux frontières militaires, le terrain est à disputer.

On voit donc combien il est difficile de trouver la formule exacte d'après laquelle on déterminerait des frontières équitables et normales entre les États, et l'on ne saurait non plus contester aux peuples le droit naturel et imprescriptible de se donner les lois sous lesquelles il leur plaît de vivre, et de s'unir entre eux selon leurs intérêts et leurs sympathies. Resterait à trouver comment ces vœux pourraient sincèrement et pacifiquement s'exprimer, et comment concilier ce droit et les changements qui en seraient une des conséquences, avec la fixité nécessaire à la vie des nations.

Si l'on se reporte à l'histoire de la formation territoriale des États de l'Europe occidentale depuis le moyen âge, on voit, pendant de longues périodes, des guerres intestines et, pour ainsi dire, sans trêves, armer, les uns contre les autres, les seigneurs jaloux d'accroître leurs domaines, jusqu'au moment où quelques-uns d'entre eux, plus puissants, imposent leur autorité à un grand nombre de vassaux et préparent le travail d'agglutination qui a produit les États modernes. Mais les peuples se sont longtemps ignorés eux-mêmes; les provinces n'étaient souvent qu'une dot que les filles portaient en apanage à tel ou tel prince; l'idée de nationalité est toute récente.

Le développement de la civilisation, la conclusion d'alliances imposées par la nécessité de la défense commune contre un ennemi plus puissant, la construction des routes, la facilité toujours croissante des communications, les progrès de la culture littéraire et artistique, l'éducation philosophique, ont, peu à peu, solidarisé les intérêts et cimenté l'union des petites sociétés précédemment rivales, jalouses, ou ennemies; enfin la communauté de langage a été un puissant instrument d'unification. Autrefois, on se battait de ville à ville, de province à province; lorsque les royaumes ont été constitués, les guerres, en devenant nationales, ont été plus rares. Puis, par une réaction naturelle, elles ont rendu plus intime l'alliance des hommes qui combattaient pour la même cause; elles ont effacé les dissentiments secondaires qui les divisaient; ce sont elles qui ont créé la notion, toute moderne, de la Patrie, et l'ont symbolisée dans le drapeau.

Grâce à l'admirable harmonie de son territoire, la France a été la première des nations de l'Europe à réaliser son unité politique. De nos jours, nous avons vu la formation de deux nouvelles nations : l'Allemagne et l'Italie. Leur travail d'unification avait été retardé, parce que la configuration de leur sol avait favorisé le particularisme des provinces et les divisions des princes qui les possédaient. On peut affirmer que la construction des chemins de fer et des lignes télégraphiques a singulièrement hâté le mouvement de fusion, qu'elle a fortement contribué à la centralisation des intérêts industriels et commerciaux des peuples allemands et italiens et, par conséquent, à leur unification politique.

Ce serait une erreur de croire que ce mouvement du groupement des peuples soit arrêté et définitivement fixé dans la vieille Europe. En dépit des guerres récentes et de celles que l'avenir réserve, en dépit de certaines jalousies et des inimitiés de race, triste héritage du passé, on commence à se rendre compte de la solidarité des intérêts européens. Les communications internationales, les traités internationaux, ont donné naissance à l'idée internationale et amené la constitution de sociétés, les unes malheureusement armées pour une lutte politique dangereuse, mais les autres, animées des sentiments les plus généreux et les plus élevés. La science et la charité sont de nos jours deux puissants agents d'unification. Elles s'associent pour diminuer les souffrances des peuples qui se combattent en attendant qu'elles puissent supprimer les occasions de guerre. Il n'est déjà plus, dans l'Europe, un malheur public qui ne soit généreusement soulagé par l'initiative spontanée des peuples voisins, et cette réciprocité d'assistance amènera tôt ou tard, on peut l'espérer, la fin des conflits sanglants, qui éclatent souvent, pour la satisfaction d'ambitions déraisonnables ou de rivalités mesquines.

Les guerres entre les grands États de l'Europe cesseront comme ont cessé les guerres entre les petits États. L'idée *européenne* est éclose; les générations qui nous suivent en verront sans doute l'épanouissement. Une guerre européenne sera, dans l'avenir, une guerre civile. Les frontières n'auront plus la valeur que nous leur attribuons aujourd'hui; les frontières militaires seront supprimées; les douanes même disparaîtront aussi, comme ont jadis disparu les douanes intérieures dans chaque pays. C'est vers l'Asie et vers l'Afrique que se tourneront les efforts armés de l'Europe.

COUP D'ŒIL D'ENSEMBLE

SUR L'EUROPE.

On donne souvent pour limite orientale à l'Europe la rivière de Kara, la chaîne de l'Oural, et le cours du fleuve de même nom qui se jette dans la mer Caspienne, la mer Caspienne elle-même, et la chaîne du Caucase jusqu'à la mer Noire; mais cette limite est tout à fait fictive. L'Empire russe ne fait aucune distinction entre ses possessions de l'un et de l'autre côté de cette séparation conventionnelle de l'Europe et de l'Asie.

Une ligne tracée des bouches du Niemen sur la mer Baltique aux bouches du Dniepr sur la mer Noire, longue de trois cents lieues au plus, partage l'Europe en deux régions distinctes.

A l'ouest de cette ligne, se trouvent des contrées mouvementées, fertiles, dans lesquelles vit une population dense, industrieuse; les côtes en sont largement découpées, et les eaux de l'océan, en y pénétrant profondément, y maintiennent une égalité et une douceur de climat qui ont offert à la race humaine les meilleures conditions pour son développement. C'est l'Europe péninsulaire.

« Il n'est pas un point de cette partie de l'Europe dont la distance à la mer soit plus grande que celle de Paris à Marseille. » C'est aujourd'hui le centre de gravité de la civilisation et de la puissance intellectuelle du monde entier.

A l'est de cette ligne, s'étendent au contraire de

vastes pays à peine ondulés, glacés au nord, brûlés au sud, sillonnés en tous sens par de nombreux cours d'eau, et relativement peu peuplés et peu cultivés. La partie septentrionale de cette région, soumise aux influences glaciales du nord, par suite de l'absence de toute montagne, est souvent impraticable pendant de longs mois d'un rude hiver, tandis que la partie méridionale est brûlée par les vents du sud. Ces immenses territoires forment la portion européenne de l'Empire russe, dont les domaines s'étendent en Asie jusqu'à l'océan Pacifique.

L'Europe se divise en cinq grandes régions :

L'*Europe occidentale*, qui comprend les Iles Britanniques et la France;

L'*Europe centrale*, qui comprend l'Empire allemand et l'Autriche-Hongrie;

L'*Europe méridionale*, qui comprend les péninsules ibérique, italique, et turco-hellénique;

L'*Europe orientale*, qui comprend l'Empire russe;

L'*Europe septentrionale*, qui comprend la péninsule scandinave.

Les terres les plus anciennement émergées des mers des premiers âges géologiques sont celles du centre de l'Europe : le massif de Bohême, le plateau du Rhin. Puis se formèrent la Forêt Noire, le Thüringerwald, et le Jura [1]. Le plissement des Pyrénées à l'époque duquel surgirent les Apennins, les Alpes de Dalmatie, les Karpates, une partie du Caucase, commença à dessiner une première ébauche assez nette du continent européen ; plus tard, la formation des Alpes occidentales et des Alpes principales acheva de lui donner sa configuration actuelle.

[1] Voir tome III, la description de l'Europe centrale.

I

GRANDES ALPES.

Les Alpes se divisent : en **Alpes occidentales** ou **Alpes françaises**, depuis le **mont Blanc**, jusqu'à la Méditerranée; et en **Grandes Alpes** ou **Alpes principales** depuis le mont Blanc jusqu'à Vienne; leur direction de soulèvement est indiquée par les vallées supérieures du Rhône, du Rhin, de l'Inn, de la Salzach, de l'Enns, etc.

Les Alpes principales se divisent elles-mêmes en **Alpes centrales** du mont Blanc au col du Brenner, et en **Alpes orientales**, depuis le Brenner jusqu'à Vienne.

Les Alpes constituent la masse orographique principale de l'Europe; c'est à l'époque de leur formation que la partie européenne du grand continent a pris sa physionomie actuelle; c'est alors que s'est opéré le partage des eaux entre les mers du nord et les mers du sud, que s'est asséché l'isthme slave, que s'est produite la rupture du canal de la Manche, qui sépare la France et l'Angleterre. Antérieurement, la mer Noire, la mer Caspienne, le lac d'Aral, communiquaient avec la mer Baltique et celle-ci avec la mer Blanche. Les marais de Pinsk ou de la Pripet, d'où sortent par une pente insensible les eaux du Dniepr au sud, du Bug et du Niemen au nord, indiquent la communication qui existait entre la Baltique et la mer Noire, de même que les lacs de Finlande indiquent la communication ancienne entre la Baltique et la mer Blanche. Postérieurement, il n'y a eu que des secousses locales de peu d'importance.

Les eaux ont ensuite, pendant de longues périodes, modelé et sculpté les formes extérieures du sol; elles ont arraché les roches aux altitudes supérieures, les ont brisées, triturées, et roulées ensuite en couches épaisses pour combler les vallées, puis elles ont recouvert ces dépôts d'un limon sur lequel l'homme a pu faire croître ses cultures. En Lombardie et dans le Banat de Temesvar, vers le confluent de la Tisza et du Danube, la profondeur des couches limoneuses atteint plusieurs centaines de mètres. Cette action des eaux se continue de nos jours, fort amoindrie sans doute, tantôt fécondante, tantôt dévastatrice.

Les Alpes condensent, sur leurs sommets, les nuées venues de l'océan; elles en emmagasinent les eaux dans leurs neiges et dans leurs glaciers, ou les laissent filtrer dans d'immenses réservoirs intérieurs, inconnus et insondés. Ce sont eux qui, dans la moitié occidentale de l'Europe centrale, alimentent la majeure partie des rivières et qui, pendant les sécheresses de l'été, fournissent aux plaines les eaux nécessaires.

Les Alpes forment, en outre, un rempart de séparation entre le nord et le sud de l'Europe; d'un côté sont les peuples méditerranéens dont la civilisation a été influencée par un climat plus doux et par les relations avec les Orientaux; de l'autre, les hommes du nord restés plus rudes sous un climat plus sévère. Entre les uns et les autres, aux époques anciennes, le contact n'a pu s'établir que par les dépressions naturelles, à l'est et à l'ouest des Alpes : à l'est, par le Gesenke Land ou trouée de l'Oder et la vallée de la Morava ; à l'ouest, par la trouée de Belfort et la vallée du Rhône.

Les Grandes Alpes marquent donc au sud de l'Europe les limites au delà desquelles les races germaniques n'ont pas réussi à se fixer. C'est que les invasions n'ont trouvé pour les traverser qu'un petit nombre de défilés longs et étroits, par lesquels il leur était difficile de rester en communication avec leurs pays d'origine; alors elles ont échoué, et les établissements de la conquête n'ont été que précaires, ou bien les fractions de peuples, qui se sont établies au delà des montagnes, ont perdu leurs relations avec leurs congénères et se sont transformées sous la double influence d'un climat différent et d'une civilisation plus avancée.

Les Grandes Alpes doivent leur relief à un plissement, dont l'orientation est, sur le méridien de Paris, est-16°-nord. C'est le dernier grand phénomène géologique qui ait influencé le sol de l'Europe, et, par conséquent, celui qui lui a donné sa physionomie actuelle; mais, antérieurement, d'autres mouvements avaient déjà brisé et disloqué cette portion de la surface du globe. En bien des endroits, leurs actions se sont superposées; on en retrouve la trace dans les contournements des couches sédimentaires, l'amoncellement des rochers, les formations des grands massifs qui marquent, en général, les points de croisement de deux directions de plissement. Le système des Alpes les domine tous, et, sous sa puissante empreinte, disparaissent, la plupart du temps, les résultats des mouvements précédents.

Cependant certaines autres directions sont très nettement accusées. Nous citerons seulement les deux plus importantes : celle du **Rhæticon** (vallée du lac de Zurich), orientée du sud-est au nord-ouest;

et celle des **Alpes carniques** (vallée de la Drave), dont la direction rappelle celle des Pyrénées.

Le soulèvement des Alpes principales, en se croisant

avec celui des Alpes occidentales, a formé la masse du mont Blanc, 4,810 mètres, point culminant de l'Europe, qui est, en quelque sorte, le résultat de leurs efforts superposés.

La rencontre des plissements des Alpes principales avec ceux des Alpes dinariques, parallèles à la côte de l'Adriatique, a produit le massif des Hohe Tauern, dominé par le Gross Glockner, 3,650 mètres.

On a expliqué la configuration d'ensemble des Alpes en supposant que les masses granitiques de l'arête centrale ont percé les couches sédimentaires qui leur étaient superposées, et qu'en les ouvrant en gigantesque boutonnière, il en est résulté trois crêtes principales et un certain nombre de crêtes secondaires, parallèles les unes aux autres. Il est plus exact, sans doute, de ne pas attribuer à l'action éruptive un rôle aussi important; on peut expliquer les formes extérieures des grandes masses de montagnes en admettant simplement les phénomènes incontestables de plissement, l'effondrement des clefs de voûte et les érosions considérables produites par les eaux et par les glaciers. Les Alpes ressemblent surtout à une grande ruine, les roches s'étant brisées, effondrées, et leurs débris accumulés ayant formé à leurs pieds les premières avant-chaînes.

La diversité des formations géologiques est très grande dans les massifs des Alpes; cependant l'ensemble du système, si l'on ne tient pas compte des infinies variétés de détail, offre une certaine régularité. Les montagnes de l'arête principale qui, en général, sont les plus hautes, ont été formées par des roches cristallines, tandis que, au nord et au sud de cette arête, les roches sont d'origine sédimentaire.

Les Alpes du nord sont en général calcaires ; celles du sud sont pour la plupart formées de sédiments argileux ou calcaires, qui ont été percés par des éjections de roches cristallisées : serpentines, porphyres, et qui se sont souvent transformés, sous l'action métamorphique, en schistes et en dolomies. De là les dénominations usitées d'Alpes calcaires (Kalk-Alpen) et d'Alpes dolomitiques (Dolomit-Alpen).

Ainsi, au centre du massif, se trouve donc une arête, plus ou moins épaisse, généralement granitique ; c'est la plupart du temps, mais non pas toujours, la crête dominante ; et, parallèlement de chaque côté, des crêtes calcaires, dolomitiques ou schisteuses, ordinairement moins élevées et formées par la brisure des couches de sédiment ; on les a appelées les *Alpes subordonnées ;* les Italiens leur donnent le nom de *Pre-Alpi ;* les Allemands, celui de *Vor-Alpen ;* nous leur donnerons celui d'**Avant-Chaînes**.

Telle est, dans sa forme la plus succincte, l'ossature, le squelette rocheux de ces énormes montagnes ; mais les plissements qui ont élevé les sommets de ces puissantes masses à plus de 4,000 mètres au-dessus du niveau des mers, à plus de 10,000 mètres au-dessus du fond des océans, et les effondrements de leurs sommets ne se sont pas produits sans d'effroyables bouleversements. De sorte, qu'au premier abord, elles présentent l'aspect d'un immense désordre chaotique, et ce n'est qu'après de minutieuses études analytiques, qu'on arrive à en dresser la synthèse.

Ici, ce sont des terrains repliés sur eux-mêmes, à angles si aigus qu'on s'étonne que des couches rocheuses aient jamais pu avoir une telle malléabilité. On en a des exemples remarquables dans la Windgälle, près d'Altdorf, et dans les murailles de l'Axenfels, sur les bords du lac des Quatre-Cantons.

Couches plissées puis érodées
dans le Massif du Mont Blanc

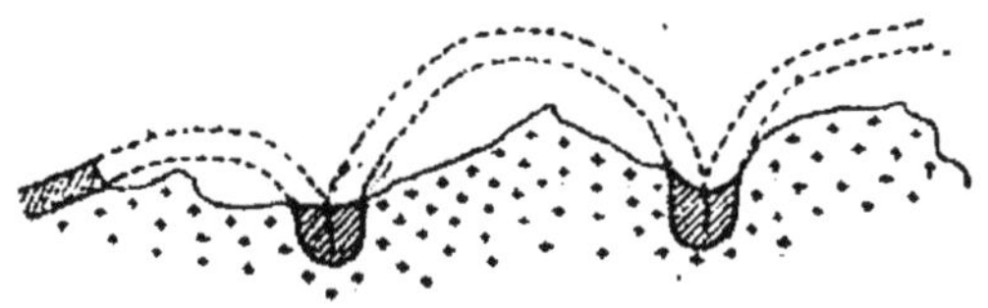

Reploiement de la Windgälle, près d'Altdorf.
(d'après A. Heim.)

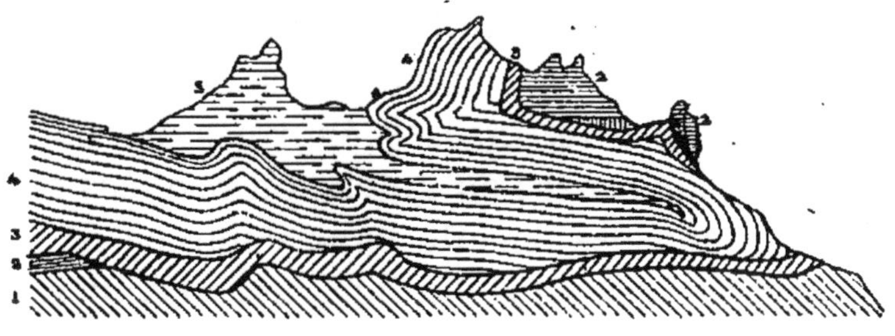

Plissements de couches
dans la muraille de l'Axenfels
au-dessus de Brünnen (Lac des Quatre Cantons)

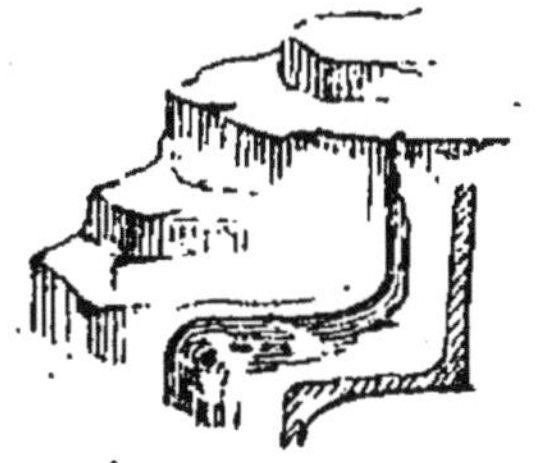

A voir ces contournements, on a peine à admettre

qu'ils puissent être le résultat d'une action lente et insensible, poursuivie pendant des millions et des millions d'années, ainsi que le suppose l'école géologique de Lyell, et l'on trouve plus rationnelle l'hypothèse d'Élie de Beaumont, admettant des convulsions brusques, des cataclysmes qui auraient, à diverses époques, soulevé et plissé les terrains et changé les formes des continents. Dans tous les cas, il faut attribuer une importance considérable à l'action des eaux.

A une époque géologique ancienne, les Alpes ont été vraisemblablement enfouies sous d'énormes amas de glaces, comparables à ceux que l'on voit actuellement dans les régions polaires; elles formaient une grande île émergeant d'une mer glacée. Par suite d'une cause ignorée, ces glaces ont fondu, et les fleuves gigantesques qu'elles ont alimentés pendant de très longues périodes, ont raviné les crêtes, sculpté les falaises, entraîné des masses énormes de roches qu'ils ont brisées, façonnées en galets, ou broyées en limon; ils les ont déposées ensuite pour combler le fond des mers voisines ou pour limiter leurs rivages. La plupart des collines de ceinture des lacs de l'un et de l'autre versant des Alpes, sont ainsi formées de limons et de cailloux roulés, grandes moraines de glaciers disparus. Le Rigi, lui-même, dont la base couvre 40 kil. car., et dont le sommet s'élève à près de 1400^{m} au-dessus du lac des Quatre-Cantons, est, en presque totalité, formé d'un amas de cailloux.

Aujourd'hui, cette action des eaux est singulièrement amoindrie; cependant la violence des grands torrents de montagne est toujours impressionnante; on les voit former d'immenses cônes de déjection qui envahissent les vallées; des pans de montagnes, minés par les eaux, s'écroulent parfois dans la plaine; les cimes dressent leurs aiguilles de plus en plus dépouillées d'arbres et de gazon, mais les vallées s'élargissent; le colmatage naturel rétrécit les lits des rivières; la zone féconde s'agrandit lentement aux dépens des sommets inhospitaliers.

Sur l'un et l'autre versant des Grandes Alpes, s'étendent donc, d'abord de larges glacis, puis de grandes plaines peu inclinées et très fertiles, particulièrement sur le versant méridional, qui reçoit une plus grande quantité de chaleur solaire et une plus grande quantité de pluies.

De nombreux lacs, restes amoindris des grandes nappes d'autrefois, mais toujours utiles régulateurs du mouvement des eaux, se sont formés à la limite inférieure des montagnes, et rendent les ravages des crues moins terribles.

Ce sont sur le versant nord : le lac Léman, les lacs de Brienz et de Thun, le lac des Quatre-Cantons, le Wallensée et le lac de Zurich, le lac de Constance, les lacs du Tirol bavarois, et ceux si pittoresques des Alpes de Salzburg.

Sur le versant méridional : le lac Majeur, le lac Lugano, le lac de Côme, le lac d'Iseo, le lac de Garde.

Leurs rives présentent les sites les plus enchanteurs de l'Europe. Elles attirent du nord les familles qui viennent chercher un climat plus doux; du midi, celles qui fuient les chaleurs énervantes de l'été. Des sociétés diverses de langue et de mœurs y entrent en contact, se pénètrent mutuellement, apprennent à se connaître, et cèdent chacune quelques-uns de leurs préjugés. Cette action est restreinte encore, il est vrai, à une minorité riche, mais elle n'en est pas moins appréciable, parce que cette minorité a une influence prédominante sur les idées de chaque pays; d'ailleurs, le nombre des voyageurs s'accroît d'année en année avec la facilité et le bon marché des transports. Les Alpes, qui ont été pendant longtemps une barrière de séparation entre les peuples, deviennent ainsi un instrument singulier de rapprochement entre eux.

Le glacis septentrional des Grandes Alpes s'étend jusqu'aux pieds du Jura, et, par Jura, il faut entendre, non seulement le Jura franco-suisse, mais encore le Jura allemand, que l'on appelle aussi les Rauhe Alpen. Cette ride montagneuse dominait, à une époque géologique antérieure, les rivages nord d'une grande mer intérieure, qui s'est asséchée, en vidant ses eaux par trois brèches : celle du Rhône, à Genève; celle du Rhin, entre Lautenburg et Bâle; celle du Danube, à Dürrenstein.

Le fond de cette ancienne mer forme la **Plaine suisse** et la **Plaine bavaroise.**

Le lit de l'Aar, dont la direction se prolonge par la Wutach, affluent de droite du Rhin, et par le Danube supérieur, est la cunette principale d'écoulement du glacis des Alpes suisses; il longe la muraille du Jura. Le Danube est de même le grand canal d'égouttement du versant nord des Alpes orientales.

Des glaciers de la partie centrale des Alpes, c'est-à-dire des masses de l'Œtzthal, sont sortis, vers le nord, de formidables torrents : l'ancien Isar et l'ancien Inn, qui ont couvert d'un immense cône de déjection le sol de la Bavière, et ont rejeté leurs eaux jusqu'au Jura allemand, au pied duquel s'est creusé le lit du Danube.

« La lente destruction des hautes montagnes a servi à former le sol de toute une moitié de la Bavière; sur

Plaine suisse-bavaroise.

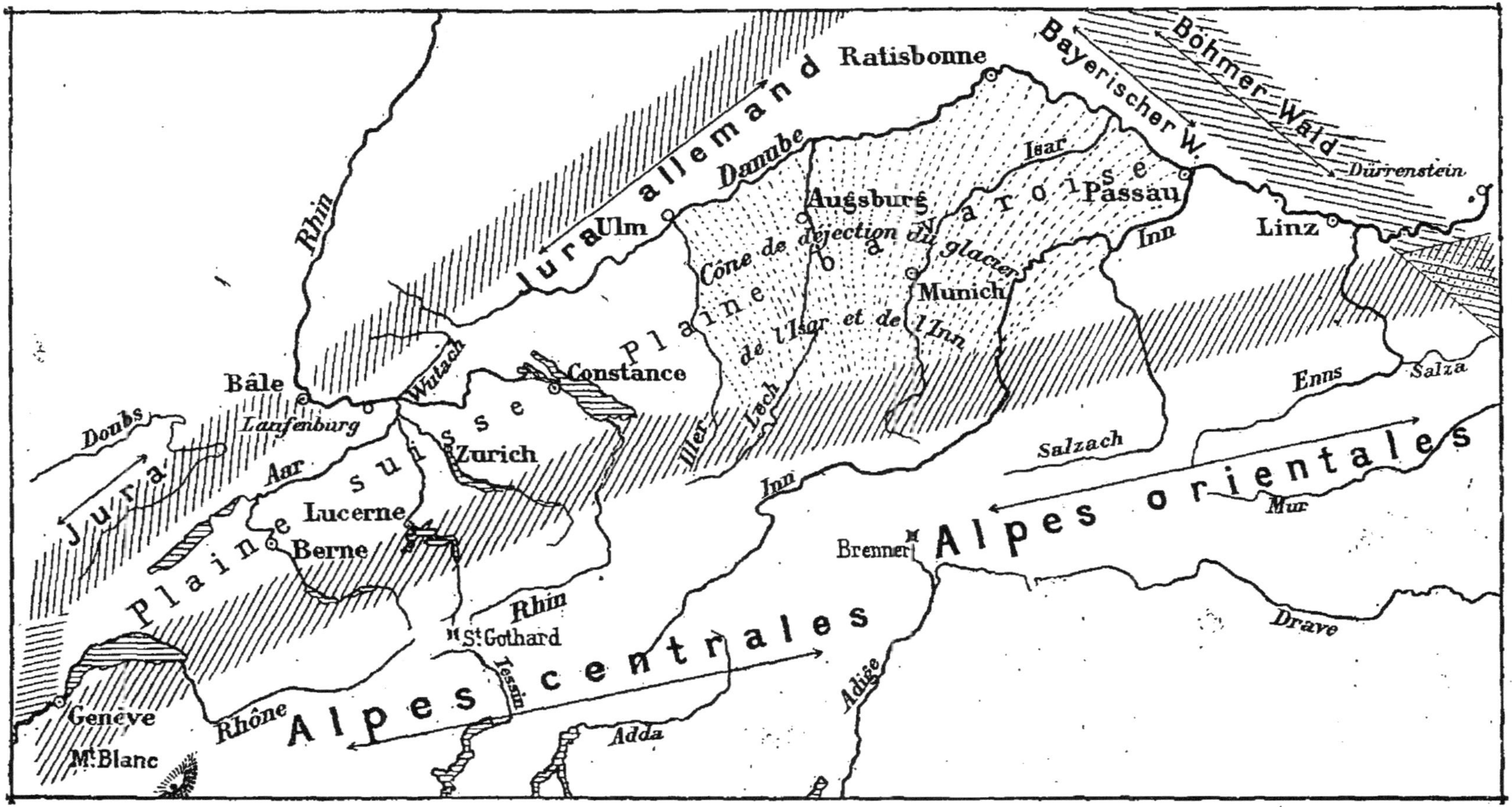

une épaisseur inconnue, toute la Plaine bavaroise consiste en blocs, en cailloux roulés, en sables, en argiles qui proviennent des Alpes.

« La plaine ne commence pas immédiatement au pied des Alpes; des collines, de longues croupes, des buttes isolées, des amas de blocs, le tout entremêlé de torrents, de lacs, de marais, forment une région intermédiaire entre la plaine et la montagne. Ces hauteurs inégales qui font de certaines parties de la contrée un véritable labyrinthe ouvert seulement par un petit nombre de chemins, sont les restes des moraines. Plus au nord, des blocs erratiques se voient disposés en alignements réguliers, et on les exploite pour la construction des maisons et les empierrements des routes.

« Lorsque l'on considère la Plaine bavaroise, depuis l'Iller jusqu'à l'Inn, on voit, par la forme en éventail des rivières qui la traversent, que c'est un immense cône de déjection, dont la courbe du Danube dessine la base. »

Le glacis méridional des Alpes est plus court; les montagnes s'arrêtent plus brusquement sur la plaine. Le canal collecteur d'écoulement de leurs eaux est le Pô. La plaine qu'il égoutte, formée d'un diluvium alpin dont on ne peut sonder l'épaisseur, est d'une fertilité proverbiale.

Dans l'étude des Alpes, comme dans celle de tous les grands massifs montagneux, il y a deux principaux systèmes de vallées qu'il faut tout d'abord considérer : ce sont les *sillons longitudinaux* et les *coupures transversales*.

Les sillons longitudinaux sont les creux formés, suivant l'axe du plissement, entre les rides montagneuses. Ils sont généralement profonds, mais ouvrent des routes relativement faciles, parallèlement aux crêtes.

Les coupures transversales sont des fractures perpendiculaires à l'axe du plissement, plus ou moins approfondies par les anciens glaciers et par les torrents. Elles ont, au point de vue géographique, une importance capitale, parce que ce sont elles qui ouvrent les communications entre les deux versants, et mettent en relation des pays ordinairement très différents par leur climat et par leurs populations.

Dans les Alpes, c'est par ces coupures que communiquent l'Allemagne et l'Italie, les peuples germains et les peuples latins; c'est par elles que s'échangent les produits du sol et ceux de l'intelligence humaine, éclos les uns sous les brumes du nord de l'Europe, les autres sous le beau ciel méditerranéen.

Les sillons longitudinaux et les coupures transversales, se croisant perpendiculairement, partagent les montagnes en massifs, plus ou moins réguliers, ayant, dans leur ensemble, la forme de larges pyramides rectangulaires tronquées. Ce sont ces vallées qui indiquent les divisions naturelles des montagnes, et offrent, par conséquent, le seul procédé logique de classification.

La direction du **plissement des Grandes Alpes** est très nettement marquée par un grand sillon longitudinal, qui marque la séparation entre l'arête centrale et les premières Avant-Chaînes du nord. Il est formé, depuis Martigny, au pied du massif du mont Blanc, par la vallée du Rhône,

le col de la Furka,
les torrents supérieurs, qui forment la Reuss à Andermatt,
le col de l'Oberalp,
la vallée supérieure du Rhin, jusqu'à Coire.

En aval de Coire, un plissement oblique a croisé celui des Alpes; il est marqué par les hautes crêtes, presque infranchissables, du Rhætikon et des Churfirsten, et il interrompt la continuité du sillon. Au delà, on retrouve la continuation de ce sillon, mais avec une orientation un peu différente :

dans la vallée de l'Ill, affluent du Rhin,

le col de l'Arlberg,

la vallée supérieure de l'Inn,

le col de Gerlos,

les vallées supérieures de la Salzach, de l'Enns, de la Salza, affluent de l'Enns, qui se prolongent les unes les autres et ne sont séparées que par des seuils peu élevés.

Sur le versant sud de l'arête centrale, le sillon longitudinal est moins nettement tracé, mais on remarquera cependant le parallélisme des directions suivantes :

Route de Domo d'Ossola à Locarno et Bellinzona ;

de Chiavenna, col de la Maloïa, Engadine;

de la haute vallée de l'Adda (Valteline), col d'Aprica, col du Tonale, vallée supérieure du Noce ;

du Rienz, Pusterthal, col de Toblach, Drave.

A moitié distance du mont Blanc et de Vienne, les Alpes ont été brisées par une profonde coupure, le col du Brenner (1362m)[1], qui a été, dans l'antiquité et pendant tout le moyen âge, la principale voie de communication entre le nord et le midi de l'Europe. C'est le passage le plus bas des Grandes Alpes. Les Barbares suivaient cette route et y conduisaient leurs chariots. Radagaise l'a franchi, en 406, avec les Suèves et les Vandales. Une voie romaine y avait été tracée. Plus tard, ce fut la principale route d'échange entre les deux métropoles commerçantes de l'Allemagne et de l'Italie, Augsburg et Venise. Les Germains avaient poussé leurs colonies au delà du Brenner sur le versant italien, et les habitants des hautes

[1] Le Brenner portait autrefois le nom de *Pireneus*, qui s'identifie avec celui des Pyrénées et qui s'appliquait à toute cime élevée (Houzeau, *Histoire du sol de l'Europe*).

vallées de l'Adige sont de race germanique[1]. C'est par le Brenner que sont entrés en contact les hommes du nord et ceux du midi ; ainsi s'explique encore l'importance religieuse acquise par Trente, qui fut fréquemment choisi comme lieu intermédiaire de rendez-vous entre les évêques de l'Allemagne et de l'Italie, et où se tinrent plusieurs fois les grandes assises de la chrétienté.

C'est par le Brenner que fut construit, en 1867, le premier chemin de fer transalpin, et le col est si facile qu'il n'a pas été nécessaire de percer un grand tunnel pour franchir le faîte.

Cette importante communication appartient aujourd'hui à l'Autriche, qui, pour en maîtriser l'accès, a construit la forteresse de Franzensfeste, au point de jonction de la vallée de l'Adige et du Pusterthal.

Le Brenner partage ainsi les Alpes en deux parties très distinctes : à l'ouest, les Alpes suisses ou Alpes centrales ; à l'est, les Alpes autrichiennes ou Alpes orientales. La route Munich, Innsbruck, Trente, Vérone servira de ligne de séparation pour la description suivante[2].

[1] Vérone ou la Berne italienne, c'est-à-dire un ancien campement de Cimbres, commandait comme Berne, un des passages principaux des montagnes.

[2] Nous avions précédemment choisi (1re édition) comme ligne de démarcation entre les deux parties des Grandes Alpes, le col de Reschen (Reschen-Scheideck (1465m), qui passe près du point de jonction des frontières suisse, italienne et autrichienne. Bien que très remarquable, cette coupure est moins caractéristique que celle du Brenner, qui est le prolongement direct de la vallée de l'Adige.

ALPES CENTRALES

ou ALPES SUISSES[1].

Les Alpes ont été divisées par les anciens géographes d'une manière assez arbitraire, et en prenant les sommets importants comme bornes de démarcation. Nous avons déjà fait observer que les seules divisions logiques étaient celles données par les vallées ; il faut donc conserver les anciens noms, mais prendre pour lignes de séparation des massifs les grandes coupures transversales.

Depuis le col du Grand Saint-Bernard qui limite le massif du mont Blanc jusqu'au col du Brenner, l'arête centrale se subdivise en Alpes pennines, Alpes lépontiennes et Alpes rhétiques.

Le massif du mont-Blanc (4,810^m) marque le croisement des directions de plissement des Grandes Alpes et des Alpes occidentales. C'est le sommet le plus élevé de l'Europe.

Le massif est circonscrit : à l'ouest par la vallée de Chamonix (Arve), le col de **Balme** (2,200^m), qui le fait communiquer avec Martigny sur le Rhône, et le col du **Bonhomme** (2,340^m), qui le met en relation avec Bourg-Saint-Maurice (Isère) ;

à l'est, par le col de la Seigne (2,532^m), l'Allée blanche, le val Ferret, le col **Ferret** (2,492^m) et la vallée de la Dranse, qui aboutit à Martigny.

Les passages carrossables sont :

au nord, le col du **Grand Saint-Bernard** (2,472^m) ; au sud, la belle chaussée du **Petit Saint-Bernard** (2,157^m), de Bourg Saint-Maurice à Aoste, par lequel s'effectua le célèbre passage de l'armée française en 1800 ; c'est une des voies les plus fré-

[1] Les altitudes sont données d'après la carte de Suisse de Dufour. Il faut se reporter également aux excellentes cartes des Alpes de Mayr.

quentées depuis la plus haute antiquité; il était traversé par une voie romaine[1].

Les glaciers du mont Blanc sont d'une magnifique beauté; leur masse énorme ne donne cependant naissance à aucun fleuve; il n'en sort que des torrents : l'Arve, la Dranse, la Dora. Assez facilement abordables, ils sont visités, chaque année, par un nombre considérable d'alpinistes; tous les passages en sont connus et tous les sommets en ont été gravis et mesurés[2].

Alpes pennines[3]. — Appelées aussi *Alpes du Valais,* elles sont comprises entre le col du **Grand Saint-Bernard** (2,472m) et le col muletier de **Nufenen** (2,440m), qui fait communiquer les sources du Rhône et celles du Tessin. Ce sont de hautes et épaisses montagnes, couvertes de magnifiques glaciers, dominées par les sommets du **Combin** (4,317m), du mont **Cervin** ou Matterhorn (4,482m), du mont **Rose** (4,612m). Zermatt (1,620m), au pied du mont Rose, est le centre des hautes vallées de ces Alpes. Elles ne sont traversées que par des sentiers rarement fréquentés, mais le Premier Consul y fit ouvrir, à grands frais, de 1801 à 1805, la superbe route stratégique du Simplon (2,010m), qui, dans ses projets, devait permettre aux armées françaises de tourner les obstacles que le Piémont pourrait créer aux débouchés des Alpes occidentales. La route du Simplon est aujourd'hui presque totalement comprise sur le territoire du canton suisse du Valais. D'anciennes batteries construites près de Gondo, sur le territoire suisse, en défendaient l'accès du côté de l'Italie.

Alpes lépontiennes. — Du col de Nufenen au col de Splügen; elles peuvent se subdiviser en trois groupes :

[1] Il reste encore quelques kilomètres de route à terminer dans les environs de l'hospice (1890).

[2] Si intéressante que soit leur description, nous nous bornerons pour la description des Alpes à une simple esquisse d'ensemble, et nous n'insisterons que sur les questions qui offrent un intérêt économique ou militaire.

[3] *Pen*, racine celtique = Sommet.

Massif du **Saint-Gothard**, entre le col de Nufenen et le col de la Greina;

Alpes du Tessin, au sud du précédent, entre le Tessin et le Toce;

Massif de l'**Adula**, entre le col de la Greina et le col de Splügen.

Le massif du **Saint-Gothard** est le nœud orographique le plus important de l'Europe. C'est là que prennent naissance ses principaux fleuves; le Rhin et le Rhône en descendent directement; le Pô en reçoit les eaux par son affluent le Tessin, et, à peu de distance, se trouvent les sources de l'Inn, affluent du Danube. Il est traversé par la chaussée du **Saint-Gothard** (2,114^{m}), d'Hospenthal sur la Reuss à Airolo sur le Tessin, par la route du col du **Lukmanier** (1917^{m}) entre Rhin et Tessin.

Il est circonscrit par la vallée du Rhône, le col carrossable de la **Furka** (2,436^{m}), les hautes vallées des torrents qui forment la Reuss à Andermatt, le col carrossable de l'**Oberalp** (2,052^{m}), la vallée du Rhin antérieur, le col muletier de la Greina (2,360^{m}) entre Rhin et Tessin.

Le massif des **Alpes du Tessin** est circonscrit par les vallées du Tessin et du Toce. Les sources de ces deux rivières communiquent par le col muletier de **San Giacomo** (2,308^{m}). Il est limité naturellement au sud par la route de Domo d'Ossola (Toce) à Locarno (lac Majeur) et Bellinzona (Tessin), qui suit un couloir longitudinal, parallèle à l'arête.

Le massif de l'**Adula** est un des plus compacts des Alpes. Son point culminant est à 3398 mètres. Il est circonscrit par le col de la Greina, les vallées du Rhin antérieur et du Rhin postérieur et le col de Splügen. Au sud, il se prolonge par un âpre contrefort qui court entre le val Mesocco (bassin du Tessin) et le Liro (affl. du lac de Côme).

Il est traversé par la route carrossable de **San Bernardino** (2,063^{m}), entre Splügen (Hinterrhein) et Bellinzona (Tessin) en suivant le val Mesocco.

La route carrossable de **Splügen** (2,117^{m}) conduit de Splügen à Chiavenna, dans la vallée de la Maïra. L'étroitesse des gorges sur le versant suisse lui a fait donner le nom de *Via Mala*. Elle fut suivie, au mois de décembre 1800, par Macdonald, et les difficultés de cette opération, faite au cours de l'hiver, surpassèrent certainement celles de la traversée du Grand-Saint-Bernard, effectuée quelques mois avant par l'armée du Premier Consul.

Alpes rhétiques. — Comprises entre la route de Splügen et le col du Brenner, elles sont divisées longitudinalement en deux masses par la vallée de l'Inn ou Engadine.

La masse septentrionale, appelée aussi **Alpes des Grisons**, se subdivise en massif de l'**Albula**, entre le col de Splügen et le col de la Fluela; et massif du **Silvretta**, entre le col de la Fluela et l'Albrechtsstrasse (col de l'Arlberg).

Le plissement des Grandes Alpes est croisé au massif du Silvretta par le plissement oblique du **Rhætikon**, que le Rhin coupe en aval de Sargans et qui se prolonge, sur sa rive gauche, dans les crêtes des **Churfirsten**.

La masse méridionale des Alpes rhétiques comprend les Alpes de **Bernina**, les Alpes de l'**Umbrail**, et les Alpes de de l'**Oetzthal**.

Le massif de l'**Albula** (point culminant, 3,257^{m}) est traversé par la route du col de **Juliers** (2,287^{m}), entre Tiefenkasten (Albula) et Silvaplana (Inn), et par celle de l'**Albula** (2,315^{m}), qui aboutit à Ponte dans l'Engadine. De la route du col de Juliers se détache, à droite, le sentier du col de **Septimer** (2,311^{m}), qui conduit directement dans le val Bregaglia (Maira).

Le massif du **Silvretta** (point culminant, 3,396^{m}), qui fait suite au précédent, et la chaîne du **Rhætikon**, sont limités au nord par le sillon longitudinal dans lequel passent la route et le chemin de fer de l'**Arlberg** (1779^{m}).

Le Rhætikon, excessivement âpre et difficile, n'est traversé par aucun chemin et forme la limite politique entre le Vorarlberg (Autriche) et le canton des Grisons.

La route du col de la **Fluela** (2,405^{m}) est une des plus importantes de cette partie des Alpes. Elle met, par plusieurs routes, l'Engadine en relations avec la vallée du Rhin.

Le groupe du **Bernina** (Piz de Bernina, 4,052^{m}) constitue un épais massif très nettement circonscrit au nord par l'Engadine, le col de la **Maloïa** et le val Bregaglia, à l'ouest par la Maïra, le lac Mezzolo et le lac de Côme, au sud par la Valteline, à l'est par le val Poschiavo, dans lequel descend la route carrossable du col de **Bernina** (2,330^{m}).

Le groupe de l'**Umbrail** est moins compact; il est sillonné de vallées plus longues et circonscrit par l'Engadine, la coupure de Reschen, la route du Stelvio (Stilfser Joch), l'Adda et la route du Bernina.

La route du Stelvio, ouverte par l'Autriche de 1820 à 1823, dans un intérêt stratégique, pour avoir une communication directe dans la Valteline, passe au point de séparation des frontières de l'Italie, de la Suisse, et de l'Autriche, à une altitude de 2,755 mètres, c'est-à-dire au-dessus de la limite des neiges perpétuelles; c'est le passage carrossable le plus élevé de l'Europe; mais depuis que l'Autriche ne possède plus le Milanais, cette route est mal entretenue.

Les Alpes de l'**Oetzthal**, comme leur nom l'indique, sont creusées par la vallée de l'Oetz, affluent de l'Inn. Elles sont comprises entre la coupure de Reschen à l'ouest, et celle du Brenner à l'est. Au sud et au sud-ouest, elles sont enveloppées par la Vintschgau ou vallée supérieure de l'Adige, et au nord par la vallée de l'Inn (Innthal).

La crête principale de ce massif dessine un cercle dont la concavité est tournée vers le nord, et auquel se rattachent les autres crêtes. Un grand nombre de sommets dépassent 3,000 mètres. Le point culminant, la **Wildspitze**, est à 3,776 mètres. A l'est, les montagnes du **Stubaythal** sont une des parties les plus épaisses. Le massif de l'Oetzthal renferme plus de deux cents glaciers et n'est traversé que par de fort mauvais sentiers. Le plus important est celui du Timblsjoch

(2,386^{m}), qui remonte l'Œtzthal et descend à Meran sur l'Adige par le Passeiërthal. Des observations faites sur les glaciers de cette région ont montré qu'ils sont dans une période d'accroissement lent mais continu.

Avant-chaînes septentrionales des Alpes suisses.

La première Avant-chaîne est presque aussi élevée et aussi considérable que l'arête centrale. Elle se subdivise en Alpes bernoises ou Oberland, Alpes d'Uri, et massif du Tödi ou Alpes de Glaris. Elle est limitée au nord par le sillon longitudinal marqué par les vallées de la Saane et de la Simme, les lacs de Thun et de Brienz, la route du Brünig, le lac des Quatre-Cantons et la vallée de Pragel jusqu'à Glaris.

Les rides suivantes s'abaissent en étages moins élevés jusqu'à la Plaine suisse.

La zone montagneuse est limitée par le chemin de fer : Lausanne, Fribourg, Berne, Lucerne, Zurich, Romanshorn. Elle se subdivise de l'ouest à l'est en : Alpes de Fribourg, Alpes de l'Emmenthal, Alpes de Schwyz, Alpes d'Appenzell.

De Martigny à Saint-Maurice, le Rhône coupe la première avant-chaîne du nord, entre la Dent du Midi (r. g.) (3,285^{m}) et la Dent de Morcles (r. d.) (2,938^{m}). Cette brèche limite l'Oberland à l'ouest. Il est limité à l'est par le col de Grimsel (2,164^{m}) et la haute vallée de l'Aar.

Le col de Grimsel est fort mauvais; cependant, malgré les difficultés que présentent ces hautes régions, les troupes les ont parcourues; un combat a été livré, au col de Grimsel même, par le général Gudin, le 14 août 1799[1].

L'**Oberland** est un énorme massif couvert de glaciers, dominé par les cimes gigantesques de la **Jungfrau** (4,167^{m}) et du **Finster-Aar-Horn** (4,275^{m}).

[1] On travaille à une route carrossable qui sera terminée vers 1896 et sera battue par un des ouvrages de fortification actuellement en construction au col de la Furka (1890).

Les glaciers de l'Oberland sont les plus remarquables des Alpes. Les principaux sont ceux de la Furka et du Grimsel, qui donnent naissance au Rhône, et surtout le glacier d'**Aletsch**, le plus étendu de l'Europe, dont la superficie est de plus de 100 kil car., et qui a 7 kil. de long. Il descend de la Jungfrau, et du Finster-Aar-Horn et débouche dans le Valais, en amont de Brieg.

Le versant nord de ces montagnes est creusé par les vallées de Lauterbrünnen et de Grindelwald, si célèbres par leurs beautés pittoresques. Le chemin muletier du col de la **Gemmi** (2,327^{m}) conduit de Louèche (Valais) à Thun, entre la vallée de la Dala, afll. du Rhône, et celle de la Kander, afll. de la Simmen.

Entre le lac et la vallée de Grindelwald se dresse la masse du **Faulhorn** (2,683^{m}) (*pic pourri*), composée de schistes calcaires, noirs, désagrégés.

Les **Alpes d'Uri** sont comprises entre le col de Grimsel, la Reuss, et le lac des Quatre-Cantons. Le point culminant est au **Galenstock** (3,596^{m}), tête du glacier du Rhône.

Le massif du **Tôdi** ou Alpes de Glaris (cime à 3,623^{m}) est compris entre la Reuss et le Rhin (en aval de Coire). Ces montagnes âpres et difficiles sont coupées, entre Glaris et Ilanz, par le sentier de Panix, qui fut suivi, en 1799, par les débris de l'armée russe de Souvarov.

Nous avons dit, plus haut, que le plissement des Grandes Alpes avait été croisé obliquement à Sargans par une ride d'une grande altitude : Rhætikon (2,960^{m}), Churfirsten (2,303^{m}). L'alignement de cette ride est donné par la vallée de la Landquart, afll. de dr. du Rhin, par le Wallensée, le lac de Zurich, et la Limmat. Avant que la brèche de Sargans eût été ouverte, les eaux du Rhin, au lieu de s'écouler au nord, dans le lac de Constance, se versaient à l'ouest dans le Wallensée; entre sa vallée et les rives de ce lac, il n'y a qu'un seuil de moraines, de quelques mètres de relief.

Entre les Churfirsten, le lac de Constance, et le Rhin, s'étalent les ramifications confuses des Avant-chaînes auxquelles on donne le nom général d'**Alpes d'Appenzell et de Saint-Gall**.

Entre le Rhin et l'Inn inférieur (Unter-Innthal), séparées de l'arête centrale par le sillon de l'Arlberg et l'Inn (Ober-Innthal), les Avant-chaînes comprennent les Alpes du **Vorarlberg** et les **Kalk-Alpen**, ou Alpes calcaires bavaroises.

Les **Alpes** du **Vorarlberg** sont comprises entre le Rhin à l'ouest, le Lech et la coupure du Fern-Pass à l'est. Elles se prolongent vers le nord sous le nom d'Alpes d'**Algau**. Le centre du Vorarlberg est marqué par le Widderstein dont les eaux descendent en divergeant.

Les **Alpes calcaires bavaroises** sont comprises entre le Lech et l'Inn. Elles sont traversées, du nord au sud, par plusieurs routes : celle de Lermoos ou du Fern-Pass, la route de Munich à Innsbruck par Mittenwald et Scharnitz, et celle de Munich à Innsbruck par l'Achenthal.

Entre Wörgl et Neubeuern, l'Inn perce le rempart des Avant-chaînes au défilé, ou *Klause*, de Küfstein. Une route et un chemin de fer suivent sa vallée. Ils sont barrés à la frontière austro-bavaroise par les anciennes fortifications de Küfstein.

On retrouve dans ces Alpes les caractères ordinaires des soulèvements calcaires, c'est-à-dire des escarpements rapides, des brèches étroites par lesquelles s'écoulent les eaux, des cavernes et des pertes d'eaux.

Avant-chaînes méridionales des Alpes suisses.

Les Avant-chaînes du sud, comme nous l'avons dit, ne sont pas séparées de l'arête centrale par un sillon aussi nettement ouvert que celui du nord ; « les masses qui s'appuient sur le versant du midi ne forment d'abord que des contreforts inégaux et tourmentés », surtout dans la partie qui correspond aux Alpes pennines ; mais, à partir du débouché du Simplon, on reconnaît cependant plus de régularité dans la direction des terrains.

La route de Domo d'Ossola à Locarno et à Bellinzona, de Bellinzona à Chiavenna prolonge le sillon de l'Engadine, qui est dans l'orientation du plissement des Grandes Alpes.

Le chemin de Bellinzona à Gravedona, sur le lac de Côme, par le col de Jozio prolonge la direction du sillon de la Valteline dont l'orientation est exactement de l'ouest à l'est ; à partir de Tirano dans la haute Valteline, cette direction se prolonge par le col d'Apria, le col du Tonale et la vallée du Noce. Mais la haute Valteline est parallèle à l'Engadine et se prolonge de son côté par la coupure du Stelvio et la Vintschgau qui sont sensiblement parallèles à l'axe principal du plissement des Grandes Alpes.

On peut ainsi considérer la coupure jalonnée par Domo d'Ossola, Bellinzona, Gravedone, Tirano, le col du Stelvio, Vintschgau comme indiquant la séparation naturelle entre les massifs de l'axe central des Alpes et ceux des avant-chaînes du sud.

Ces avant-chaînes se décomposent en :

Alpes de Lugano entre le lac Majeur et le lac de Côme ;

Alpes du Bergamasque ou de la **Valteline**, entre le lac de Côme à l'ouest, la Valteline au nord, et la route du col de l'**Aprica** (entre Adda et Oglio), l'Oglio à l'est. Cette chaîne, d'une hauteur moyenne de 2,800 m., est échancrée par des cols fort élevés, et porte quelques petits glaciers sur son versant nord. Le point culminant de ce dernier groupe est le mont Redorta (3,039^{m}). Il se prolonge au sud en contreforts allongés qui enceignent les vallées du Brembo (val Brembana), du Serio (val Seriana), de l'Oglio (val Camonica).

Ces vallées ont été autrefois remplies par les glaciers qui, en se retirant, ont laissé d'immenses moraines terminales et latérales. Les collines, qui dessinent sur la plaine lombarde le dernier échelon des montagnes, ne sont formées que de terrains de transport. Ce sont aussi des moraines qui enveloppent les lacs du pied des Alpes, dont les eaux occupent les creux produits par des affouillements anciens.

A l'est de la vallée de l'Adda, l'**Ortler** est un massif compact qui forme le groupe le plus important des Alpes du Tirol; il est circonscrit au nord et à l'est par la vallée de l'Adige, au sud par le val di Sole (vallée du Noce), et le col du Tonale; il se rattache au nord-ouest au pic de l'Umbrail par un seuil très élevé que franchit la route du Stelvio Intermédiaire entre le massif du Bernina et celui de l'Oetzthal, aussi remarquable que ceux-ci par ses sommets et ses glaciers, il fait partie des Avant-chaînes du sud. « C'est une masse dolomitique superbe, aux cassures brusques, aux pentes coupées de parois verticales, aux longs couloirs remplis de glaces. » Sa cime s'élève à 3,905 m., dominant ainsi de 1100 m. la route du Stelvio (2,797m) qui passe à son pied.

Au sud de l'Ortler, dont il est séparé par le val di Sole (vallée du Noce) et par la route du Tonale (1874m), limité à l'ouest par le val Camonica (vallée de l'Oglio), s'élève le massif de l'**Adamello** (3,557m) qui porte encore quelques glaciers.

A l'est de l'Adamello, le massif de **Bocca di Brenta** (3,236m) s'étale jusqu'à l'Adige.

Plus au sud, les massifs sont moins élevés; ce sont : le mont **Tenera** (2,073m) entre le couloirs des Judicaria au nord, la vallée du Sarca à l'est, le val di Ledro au sud;

Mont **Bondon** dominé par le mont Cornetto ou Orto d'Abramo (2,170m), entre Sarca et Adige.

Plus au sud encore, entre le lac de Garde et l'Adige est l'arête escarpée du **Monte-Baldo** (2,198m), et, sur la rive droite du lac, des masses confuses, que l'on peut appeler d'une manière générale **Alpes du Chiese**.

On désigne aussi l'ensemble des massifs au sud du val di Sole sous le nom d'**Alpes de Judicaria**.

ALPES ORIENTALES

ou AUTRICHIENNES.

Nous avons choisi la route du Brenner comme ligne de séparation entre la partie occidentale et la partie orientale des Alpes. A l'est de cette coupure, l'arête principale est formée de massifs compacts, élevés, circonscrits par de profondes tranchées. On désignait autrefois l'ensemble de ces montagnes sous le nom d'**Alpes noriques** et d'**Alpes styriennes**, mais il est nécessaire d'en analyser plus exactement les différents groupes..

On reconnait trois massifs fort distincts : ceux du *Zillerthal*, des *Hohe Tauern*, et des *Kleine Tauern ;* ils se prolongent jusqu'au Danube par le *Hochschwab* et le *Wienerwald.*

Les Alpes du **Zillerthal** sont comprises entre la route du Brenner à l'ouest, et la coupure du Birnlücke à l'est. Ce massif, formé de roches primitives, est très remarquable par la beauté de ses sommets et de ses vallées. L'arête principale orientée du sud-ouest au nord-est, de Sterzing sur l'Eisak jusqu'à la Birnlücke, prolonge l'alignement des crêtes des Alpes de l'Œtzthal.

La Birnlücke (2,644^{m}) ouvre une communication pour piétons entre l'Ahrenthal (tributaire de l'Adige) et le Krimlerthal (tributaire de la Salzach). Un grand nombre de sommets des Alpes du Zillerthal dépassent 3,000 m. Les points culminants sont : le Thurnerkamp (3,500^{m}), l'Hochfeil (3,506^{m}).

Le massif suivant est celui des **Hohe Tauern**[1]. Il est limité à l'ouest par la Birnlücke; à l'est, par la route des Radstadt-Tauern. Il est très compact et très épais, surtout dans la partie occidentale, où se trouvent de grands glaciers et les sommets élevés du **Dreiherrnspitze** (pic des Trois-Seigneurs, 3,372^{m}), du **Gross Venediger** (3,673^{m}), du **Gross Glockner** (3,797^{m}).

[1] Les anciens donnaient le nom de *Tauern* (montagnes sacrées) aux passages de cette partie des Alpes qui étaient placés sous la protection de divinités particulières (Houzeau, *Histoire du sol de l'Europe*).

Le massif des Hohe Tauern est déchiré par de nombreuses vallées dans le sens transversal. La plus importante et la plus connue est celle de Gastein où se trouvent des stations thermales, souvent fréquentées par les souverains de l'Allemagne et historiquement célèbres par plusieurs conventions, qui furent conclues pendant leur séjour à ces eaux; mais les passages d'un versant à l'autre sont rares.

Les **Kleine Tauern**, ou Tauern Kette, prolongent, à l'est, le massif et les crêtes des Hohe Tauern. Ces montagnes, qui ont une altitude moyenne de 2,000 mètres seulement, sont formées de deux chaines, l'une au nord, l'autre au sud de la Mur. Ces dernières portent également le nom d'**Alpes** de **Carinthie** et de **Styrie**.

La chaîne du nord, bien que formée de roches cristallisées, comme l'arête principale des Alpes, n'a plus ses grandes altitudes, ni ses superbes glaciers. Elle est limitée, au sud, par le sillon longitudinal dans lequel coulent, au-devant l'une de l'autre, la Murz qui descend du Semmering, et la Mur qui vient de l'Arlscharte. Ces deux rivières se réunissent à Bruck, et se dirigent ensuite vers le sud, en coupant perpendiculairement la chaîne du sud.

Au nord, les Kleine Tauern sont très nettement limitées par un sillon longitudinal dans lequel coulent, en sens opposé, l'Enns, qui vient du col de Wagrein (980^{m}) à l'ouest, et son affluent la Salza, qui vient de l'est.

La chaîne du sud, également formée de roches cristallines, de granites, de gneiss, de schistes, est fragmentée par de nombreuses et larges brèches et traversée, comme nous venons de le dire, par la Mur entre Bruck et Graz.

D'autres systèmes de plissement que celui des Alpes ont impressionné cette région.

Ainsi, dans le Lavanthal, entre Mur et Drave, les crêtes sont orientées du nord au sud, tandis que la vallée de la Drave est orientée de l'est à l'ouest.

Le plissement des monts de Bohême (système du Thüringerwald, ouest-33°-sud), qui est coupé par le Danube au défilé de Dürrenstein, se prolonge sur la rive droite du fleuve, et c'est en le rencontrant que celui des Alpes a été, pour ainsi dire, rebroussé, de sorte que la vallée de la Salza, affl. de l'Enns, et celle de la Murz sont inclinées à contre-pente, c'est-à-dire de l'est à l'ouest.

A la rencontre des deux rides se trouve le **Schneeberg** (2,009^{m}) ; le système du Thüringerwald se manifeste encore au delà, dans le **Wechsel**, près d'Aspang sur la Leitha.

Les passages de ces montagnes sont fort nombreux ; nous les résumerons dans un tableau d'ensemble, après avoir parlé des Avant-chaînes.

A l'est du Semmering, le pays reste encore très accidenté ; des collines, notamment les collines de la Leitha, prolongent, sous différents noms, la direction des Alpes. On en retrouve même la trace au delà du Danube, dans les petites Karpates.

Avant-chaînes septentrionales des Alpes autrichiennes.

Depuis Feldkirch, sur le Rhin, jusqu'à Vienne, les Grandes Alpes sont bornées, au nord, de six à huit chaînes parallèles, de hauteurs décroissantes, coupées par les cours d'eau qui se jettent dans le Danube. Ces montagnes sont formées principalement de terrains calcaires et portent le nom général de **Kalk-Alpen**. Nous avons déjà parlé de la partie qui est à l'ouest de l'Inn. Nous nous bornerons à donner ici une nomenclature sommaire des massifs à l'est de l'Inn[1].

Ce sont les **Alpes de Salzburg**, entre les coupures transversales de l'Inn, de la Salzach, de la Traun, et de l'Enns. Dans la portion occidentale, elles semblent n'être qu'un « marchepied » des Hohe Tauern ; mais, à l'est de la Salzach, leurs crêtes s'élèvent et dépassent celles de l'arête centrale, c'est-à-dire des Kleine Tauern.

[1] Voir pour les détails : *Géographie militaire*, tome IV, *Autriche Hongrie.*

Telles sont, entre la Salzach et l'Enns, les **Tännen Gebirge** (2,335^{m}), le **Dachstein** (2,996^{m}), qui domine un vaste plateau pierreux. La vallée de la Traun et deux lacs, qui s'y épanouissent, les séparent des **Todtes Gebirge** (2,514^{m}) (montagnes de la mort), tristes déserts de rochers chaotiques.

La haute vallée de la Traun s'appelle le **Salzkammergut**, région lacustre remarquable, qui, sur une superficie de 1650 kil., ne contient pas moins de 35 lacs. Ischl en est le centre.

Le chemin de fer de Salzburg à Lambach limite au nord ce pays pittoresque. Entre cette ligne ferrée au sud et celle de Braunau à Wels au nord, entre l'Inn à l'ouest et la Traun à l'est, le massif moyen du **Hausrück** (800^{m}) forme l'Avant-chaîne la plus éloignée des Alpes vers le Danube.

A l'est de l'Enns, s'étagent jusqu'au Danube de nombreux rameaux parallèles : les **Voralpe**, le **Dürnstein** (1877^{m}), l'**Oetscher** (1892^{m}) ; à l'est de la Traisen : les **Traisen Gebirge** et le **Wiener-Wald** (893^{m}), qui s'abaisse vers le Danube en pentes boisées, séparées par de gracieux vallons.

Avant-chaînes méridionales des Alpes autrichiennes.

Les Avant-chaînes méridionales des Alpes du Tirol et de l'Autriche sont exactement limitées, à l'est, par le tracé du chemin de fer de Vienne à Fiume par Bruck, Graz (Mur), Marburg (Drave), Cilli (Saan, affl. de la Save), Steinbruck et Agram (Save), Karlstadt (Kulpa). Cette voie ferrée longe à peu près le pied des montagnes ; plus à l'est, on ne trouve plus que quelques promontoires de collines sans grande importance, notamment aux sources de la Raab et de la Leitha, et entre la Drave et la Save.

Cette ligne, qui est une démarcation géologique entre les pays de soulèvement de l'Autriche et les plaines basses alluvionnaires de la Hongrie, marque également la séparation entre deux races : les Allemands et les Magyars. Lorsque l'invasion magyare, venant de l'orient, se répandit dans les plaines basses du Danube, les anciens habitants du pays se retirèrent dans les montagnes, et purent s'y maintenir, tandis que le flot des barbares s'écoulait à leurs pieds. C'est également à la limite des Alpes que les invasions turques vinrent échouer; la bataille de Saint-Gothard sur la Raab (1664), qui sauva la chrétienté du joug de l'islamisme, fut livrée sur les derniers contreforts de ces montagnes.

Nous avons considéré la vallée de l'Adige comme la séparation naturelle entre la partie occidentale et la partie orientale des Alpes. A l'est de l'Adige, les montagnes ont été désignées autrefois sous le nom général d'**Alpes cadoriques** et d'**Alpes carniques** :

Les Alpes cadoriques, appelées de préférence **Alpes dolomitiques** (**Dolomit Alpen**) sont comprises entre la vallée de l'Adige, à l'ouest, et le Piave (strada d'Allemagna) à l'est.

Leurs sommets ruiniformes, aux grandes parois blanches teintes de rose, ont un aspect merveilleux. Au centre de ce massif se trouve le sommet de la **Marmolada** (3,494^{m}), aux pieds duquel l'Avisio prend sa source et où passe la route charretière de Trente à Cortina d'Ampezzo. Cette communication a une certaine valeur pour la défense de ces montagnes, parce qu'elle est tout entière sur le territoire autrichien.

Au sud des Alpes dolomitiques, et séparés par la route de Trente à Feltre (Val Sugana), les monts des **Sette Communi** forment un étage inférieur; ils sont précédés eux-mêmes des petits massifs des **monts Lessini**.

Les **Alpes carniques** sont constituées par plusieurs arêtes parallèles, entre la Drave et son affluent le Gail. Leur système de plissement est oblique sur celui des Alpes principales. Elles se développent au sud en contreforts confus autour des vallées tributaires du Tagliamento. Le mont **Paralba**, aux sources du Piave (2,665^{m}), en est une des cimes notables. On peut les limiter : à l'est, à la route de Malborghet; au sud, au Tagliamento; à l'ouest, au Piave.

Au sud du Tagliamento, les **Alpes vénitiennes** forment symétriquement aux Alpes dolomitiques la première Avant-chaîne entre le Piave et le Tagliamento. Le mont **Cridola** (**2,582**^{m}), à l'est et au-dessus de Pieve di Cadore, et le mont **Premaggiore** (**2,476**^{m}) en sont les cimes principales.

A partir de Tarvis, on donne aux montagnes de la rive droite de la Save le nom d'**Alpes juliennes**. Leur direction est celle du système des Pyrénées. Ce sont d'âpres montagnes calcaires aux plateaux pierreux et dénudés.

Les **Alpes de Terglou** (des trois têtes) (2,864^{m}), forment la dernière masse des montagnes alpestres.

Au sud du Terglou, les altitudes diminuent rapidement ; on peut désigner sous le nom de montagnes d'**Idria**, du nom de la petite ville qui en occupe le centre et de la rivière qui en recueille les eaux, l'ensemble des hauts plateaux calcaires et des chaînes dénudées qui sont compris entre l'Isonzo, la Save et l'Adriatique, et qui se prolongent vers le sud-est pour se raccorder aux chaînes du littoral dalmate.

Plus près de la côte est le **Karst**.

Le plateau qui porte le nom de Karst, en italien Carso, dont la racine celtique signifie « pays des pierres », ne sert de base qu'à des rochers, à de petites chaînes de collines ou à quelques cimes isolées[1].

Entre la Save et la Kulpa, l'extrémité des plateaux du Karst est coupée perpendiculairement par l'arête des **Uskoken Gebirge**.

Entre la Save et la Drave, les Alpes carniques se prolongent sous le nom de **Karavanken** (*monts des Carvates ou des Croates*), d'**Alpes du Saanthal**, et de **Bachern Gebirge** qui sont des collines moyennes entre la Saane et la Drave.

Le chemin de fer de Marburg à Steinbruck limite à l'est ces Avant-chaînes des Grandes Alpes.

[1] Voir *Géographie militaire*, tome IV.

ROUTES DES GRANDES ALPES.

1° Alpes suisses.

(A l'ouest du Brenner.)

Il est assez facile de classer les routes des Alpes si, au lieu d'une nomenclature aride de cols, on recherche les grandes directions des sillons longitudinaux et des coupures transversales. Celles-ci sont, comme nous l'avons dit, les plus intéressantes, parce qu'elles mettent en relations les deux versants : l'Allemagne et l'Italie, Bâle et Milan.

Routes transversales entre la Suisse et l'Italie.

1. — La principale ligne de communication est le **chemin de fer du Saint-Gothard.** Tracé dans la vallée de la Reuss, il traverse le massif du Saint-Gothard par un grand tunnel de près de 15,000 m., entre Göschenen (Reuss) et Airolo (Tessin).

Trois projets principaux de chemin transalpin avaient été étudiés :

par le Simplon, les lignes italiennes se seraient raccordées à Genève aux lignes françaises ;

par le Splügen, les lignes italiennes se seraient raccordées aux lignes autrichiennes de l'Arlberg ;

par le Saint-Gothard, les lignes italiennes se raccordent aux lignes allemandes à Bâle ou à Schaffouse.

Ce dernier projet, plus favorable aux intérêts commerciaux de la Suisse, de l'Italie, et surtout de l'Allemagne, a été préféré malgré les grandes difficultés que présentaient, non seulement l'ouverture du tunnel lui-même, mais encore la construction des rampes d'accès et des tunnels secondaires. Cette ligne met en relations directes l'Allemagne et l'Italie au détriment des intérêts français [1].

[1]. Le tunnel traverse, pendant quelques centaines de mètres, au-dessous de la vallée d'Andermatt, c'est-à-dire dans le prolongement du sillon longitudinal Rhône—Rhin, des terrains meubles de la nature des

On peut prévoir aussi que, dans certaines circonstances, le chemin de fer du Saint-Gothard établirait une relation stratégique, de même qu'il facilite les relations politiques et commerciales entre les deux pays.

Depuis l'ouverture du tunnel, la route carrossable du Saint-Gothard (2,114^{m}) est naturellement beaucoup moins fréquentée.

A l'ouest du Saint-Gothard deux routes :

2. — **Simplon** (2,010^{m}), de Brieg (Rhône) à Domo d'Ossola (Toce) et Milan ;

3. — **Grand Saint-Bernard** (2,472^{m}), de Martigny (Rhône) à Aoste (Dora Baltea) et Turin ; encore muletière pendant quelques kilomètres (1890).

A l'est du Saint-Gothard, deux routes principales :

4. — **Splügen** (2,117^{m}), de Coire (Rhin) à Chiavenna (Maïra) et Milan ;

5. — **Albula** (2,315^{m}), prolongée par la route du **Bernina** (2,330^{m}) et l'**Aprica** (1234^{m}) ; de Coire (Rhin) par Samaden (Inn), Tirano (Adda), Edolo (Oglio), à Brescia.

Outre ces grandes lignes, trois passages secondaires, mais carrossables :

6. — **Lukmanier** (1917^{m}), entre Rhin et Tessin ;

7. — **San Bernardino** (2,063^{m}), entre Rhin et Tessin ;

8. — **Juliers** (2,287^{m}) entre Rhin et Inn.

Une communication directe est ouverte entre la Suisse et le Tirol par Sargans, le col de la **Fluela** (2,405^{m}), Sus (Inn), l'**Ofenpass** (2,148^{m}), Glürns (Etsch),

ou par Sus, Nauders, le col de **Reschen** (1465^{m}) et Glürns.

moraines et qui semblent avoir comblé une fracture des rochers. Dans ce passage, des poussées considérables se produisent dans tous les sens et ont nécessité la construction de voûtes d'une puissance toute particulière. Le tunnel a été percé en 7 ans et 3 mois (1er octobre 1872 au 29 février 1880 ; l'exploitation commença le 1er juin 1882). La construction du chemin de fer a coûté 238 millions, c'est-à-dire 1 million par kil. Au tunnel, le kilomètre a coûté 4 millions. Une seule voie ; pentes de 25 à 30 millièmes ; vitesse maximum des trains 40 à 45 kil. à l'heure.

Routes longitudinales.

1. — De Lucerne par le col du **Brünig** (1004^m), Brienz, Thun, Lausanne.

2. — De Coire par l'**Oberalp** ($2,052^m$), Andermatt, la **Furka** ($2,436^m$), Martigny.

3. — Et la route de l'**Engadine** qui remonte la vallée de l'Inn et descend en Italie par la **Maloïa** (1815^m).

Nous négligerons les autres passages, fort nombreux et plus ou moins mauvais; on les trouvera dans les *Guides* de voyageurs, mais leur nomenclature ne ferait que compliquer, sans utilité, un exposé géographique d'ensemble.

L'étude d'une carte de détail est d'ailleurs suffisante, et de beaucoup préférable à toute description écrite.

2° Alpes autrichiennes[1].

(A l'est du Brenner.)

Routes transversales, entre l'Autriche et l'Italie.

1. — Route de **Reschen** (1465^m) de Landeck (Inn) à Botzen.

2. — La route du **Brenner** (1362^m), dont nous avons déjà longuement parlé, prolonge :

la route d'Augsburg par Füssen, Reute, Lermoos et le Fern Pass ;

celle d'Augsburg par Schöngau, Partenkirchen, Mittenwald (voie romaine), Scharnitz ;

celle de Munich par Mittenwald ;

celle de Munich par l'Achental ;

celle de Munich par la vallée de l'Inn ; celle-ci doublée d'un chemin de fer.

3. — La route des **Radstadt Tauern** prolonge la route de Salzburg, et conduit à Spital, Villach, le col de **Malborghet** à Udine, ou par Villach et le col de **Predil** à Trieste.

4. — La route des **Rottenmann Tauern** prolonge la route de Linz et le chemin de fer de la vallée de l'Enns ; elle se prolonge elle-même par Neumarkt sur Klagenfurt, Krainburg, et

[1] Pour les détails, voir tome IV, *Autriche-Hongrie.*

Laibach, ou par le Lavanthal sur Krainburg. Elle se relie à la précédente de Klagenfurt à Villach.

Routes longitudinales. — Elles sont ouvertes :

1. — Au nord de l'arête centrale, par le **Semmering** (980^m) et le sillon Salza, Enns, Inn, **Arlberg**. C'est une superbe communication directe depuis Vienne jusqu'à Bâle ;

2. — Au sud de l'arête centrale, par le **Pusterthal** ; c'est une communication directe entre Vienne et le Tirol.

Chemins de fer. — Les chemins de fer autrichiens des Alpes ont tous une grande importance.

Trois lignes descendent sur le versant italien des Alpes.

1. — La principale est celle du **Brenner**, qui a été, jusqu'au percement du Gothard, la seule ligne de jonction entre l'Allemagne et l'Italie. (Ouverte en 1867, tunnel de 885^m.)

2. — La ligne du **Semmering** (878^m), prolongée par le col de la Ponteba, relie Vienne et Venise.

3. — La troisième ligne se détache de la précédente à Bruck et conduit, en contournant les Alpes, par Graz, Marburg, et Laibach, à Trieste et à Fiume.

Dans le sens longitudinal, il y a aussi **trois** lignes ferrées :

1. — La ligne de Vienne à Innsbruck par le sillon du nord, prolongée par la ligne de l'**Arlberg**, ouverte en 1884. (Tunnel de $10{,}270^m$.) Elle met en relation directe Vienne avec la Suisse, et, par conséquent, la France et l'Autriche sans passer sur le territoire allemand. Cette ligne est appelée à devenir une des grandes artères commerciales entre l'Occident et l'Orient.

2. — La ligne de la **Drave** ou du **Pusterthal** ; c'est la ligne de jonction entre la Hongrie et le Tirol.

3. — La ligne de la **Save**, c'est la ligne de jonction entre la Croatie et le pays vénitien par Laibach et Tarvis.

SUISSE[1].

Les eaux du versant nord de la portion occidentale des Grandes Alpes se réunissent pour la plupart dans le Rhin, dont le bassin supérieur jusqu'à Bâle comprend la majeure partie du territoire de la Confédération helvétique. La vallée supérieure du Rhône jusqu'à Genève, la vallée supérieure de l'Inn (ou Engadine) jusqu'à Finstermünz, et une portion de la vallée supérieure du Tessin, font également partie du territoire de la Confédération.

Vallée supérieure du Rhône. — Le **Rhône** sort des glaciers du Grimsel et de la Furka; sa vallée supérieure, jusqu'au lac de Genève, est un étroit et profond corridor, le Valais, resserré entre l'Oberland bernois, au nord, et les Alpes du Valais au sud; elle communique avec les sources de la Reuss par le col de la Furka, avec celles de l'Aar par le col de Grimsel, avec celles du Tessin par le col de Nufenen; les routes du **Simplon** et du **Grand Saint-Bernard** viennent y déboucher.

Les localités notables du Valais sont :

Brieg, point de départ de la route du Simplon; Louèche, d'où se détache le chemin muletier de la Gemmi, qui remonte la Dala, et par lequel on franchit les Alpes bernoises; Sion, capitale du Valais; Martigny, où tombe (r. g.) la **Dranse valaisane**, dont la vallée est remontée par la route du Grand Saint-Bernard. C'est de là également que part le chemin de Chamonix, qui se bifurque par le col muletier de Balme et par le col charretier de la Tête-Noire.

A Martigny, le Rhône, qui coulait de l'est à l'ouest, change brusquement de direction vers le nord; il reçoit (r. g.), à Ver-

[1] Voir carte de la Suisse de l'Atlas général et la notice correspondante.

nayaz, le **Trient**, remarquable par la beauté de ses gorges. Une route praticable aux voitures légères remonte jusqu'à la Tête-Noire.

Le Rhône traverse à Saint-Maurice le rempart calcaire des avant-chaînes du nord entre la Dent de Morcles (r. d.) et la Dent du Midi (r. g.). Cette brèche est défendue par des fortifications en bon état; mais, comme tous les anciens ouvrages de barrage construits dans les vallées, elles sont, par suite de l'augmentation de la portée de l'artillerie, dominées par les hauteurs voisines et difficilement défendables.

Autrefois, le lac de Genève, ou **lac Léman**, s'étendait jusqu'à Saint-Maurice; les alluvions en ont successivement comblé une grande partie. Long de 72 kil., le lac a une largeur variable de 4 à 12 kil. Sur la rive nord, qui appartient à la Suisse : Montreux, Vevey, Lausanne, Morges, Rolle, Nyon ; sur la rive sud : Saint-Gingolph à la Suisse; Bouveret, Évian, Thonon à la France. A l'extrémité sud-ouest, au point où le Rhône sort du lac, Genève est une position stratégique importante à l'entrée de la Savoie, du Jura méridional, et de la Plaine suisse.

Dans le lac Léman tombe, entre Lausanne et Morges, la **Venoge**, qui est réunie par un canal à l'Orbe, tributaire du lac de Neuchâtel. Sa vallée marque la communication qui existait autrefois entre ces lacs.

Sur la rive méridionale du lac tombe la Dranse, dont le bassin appartient à la Savoie.

Vallée supérieure de l'Inn ou Engadine (des sources de l'Inn jusqu'à instermünz, frontière autrichienne).

L'**Inn** sort de la Maloïa ; sa haute vallée, qui porte le nom d'Engadine jusqu'à Finstermünz, est à une altitude fort grande, de sorte que l'on a peu à s'élever pour atteindre les cols qui permettent de communiquer avec les vallées voisines. Ainsi, Sils est à 1727 mètres et le col de la Maloïa à 1811 mètres. La descente de la Maloïa vers la vallée de la Maïra est, au contraire, très rapide; l'altitude de Casaccia, au pied du col, est de 1404 mètres seulement.

Sur l'Inn : Silvaplana, débouché de la route de Juliers (r. g.);

Samaden, débouché de la route du Bernina (r. d.);
Ponte, débouché de la route de l'Albula (r. g.);
Zernetz, débouché de la route du val Tauffers (r. d.);
Sus, débouché de la route de la Fluela (r. g.);
Martinsbruck, débouché de la route de Nauders et du col de Reschen (r. d.);
Finstermünz, frontière autrichienne, au pied des hauteurs sur lesquelles sont construits les forts de Ferdinandsfeste.

Bassin supérieur du Rhin. — Le Rhin est formé de la réunion d'un grand nombre de torrents, qui, tous, portent le nom de Rhin et qui descendent des massifs du Saint-Gothard et de l'Adula. Les plus notables sont le Vorder-Rhein (Rhin antérieur) et l'Hinter-Rhein (Rhin postérieur), qui se réunissent à Reichenau.

Le **Vorder-Rhein** descend du col de l'Oberalp et coule dans le sillon longitudinal du nord des Grandes Alpes. A Dissentis, il reçoit (r. d.) le **Walser-Rhein**, dont la vallée conduit au col de Lukmanier. A Ilanz vient aboutir (r. g.) le sentier de Panix, par lequel on traverse le Tödiberg.

L'**Hinter-Rhein** descend du groupe de l'Adula. A Hinterrhein vient aboutir (r. d.) la route du San Bernardino; à Splügen aboutit (r. d.) la route du col de même nom; à Thusis, il reçoit (r. d.) l'Albula.

L'Albula est le cours d'eau le plus important de cette région des Alpes. Directement ou par ses affluents, elle ouvre les routes qui conduisent dans l'Engadine. Elle descend du col de l'Albula qui conduit à Ponte sur l'Inn; elle reçoit (r. d.) le **Landwasser**, qui ouvre deux routes: l'une par le col de la Fluela, vers Sus sur l'Inn; l'autre par le col de Laret, qui conduit dans la vallée de la Landquart et rejoint le Rhin à Mayenfeld. A Tiefenkasten aboutit, sur l'Albula (r. g.), la vallée d'Oberhalbstein, par laquelle on va, d'une part, au col de Juliers et, de là, à Silvaplana et aux bains de Saint-Maurice dans l'Engadine; de l'autre, par le sentier du col de Septimer dans la vallée italienne de la Maïra.

Près de Coire (Chur) (*Curia Rhætiorum*), chef-lieu des Grisons, situé à quelque distance du Rhin (r. d.), le fleuve change de direction vers le nord. En amont de Mayenfeld, il reçoit (r. d.) la **Landquart**, qui descend du Silvretta, et dont la vallée, appelée la **Prättigau**, oblique à la direction générale des Alpes, est fermée, au nord, par la muraille du Rhætikon et prolonge celle dans laquelle se trouvent les eaux du lac de Wallenstadt. C'est le passage de la route directe de Bâle à Trente par Zurich, Sargans, col de la Fluela, Zernetz, l'Ofenpass, Glürns, et Botzen.

Cette route, qui suit la vallée du Rhin, de Sargans à Mayenfeld, est dominée (r. d.) par le vieux fort de Luziensteig, qui commande la vallée supérieure du Rhin.

En aval de Sargans, le Rhin perce la digue que lui opposait autrefois la réunion du Rhætikon (r. d.) et des Churfirsten (r. g.), et qui l'obligeait à écouler ses eaux par la trouée de Sargans, dans le Wallensee. Le seuil de séparation entre sa vallée actuelle et celle du lac n'a que 4 à 5 kil. de large sur 5 m. de relief. De crainte des inondations du Rhin, on s'est opposé à l'ouverture d'un canal de jonction, et même à l'ouverture de tranchées pour la construction du chemin de fer.

Le Rhin forme, à partir de ce point, la frontière entre la Suisse, d'une part, la principauté de Liechtenstein et le Vorarlberg de l'autre. Il passe près de Vaduz, chef-lieu de la principauté, et coule, dès lors, dans une vallée plus large.

Il reçoit (r. d.) l'**Ill**, qui vient du Silvretta et dont un affl. de dr., l'**Alfens**, ouvre l'importante route, dite **Albrechtsstrasse**, qui conduit dans le Tirol par le Klosterthal et le col d'Arlberg. Une voie ferrée double cette route. L'Ill passe à Bludenz et à Feldkirch. Sa vallée supérieure, appelée **Montavon**, est remontée par un chemin muletier qui conduit à Landeck sur l'Inn, par le Paznauner-Thal (vallée de la Trisanna).

Dans la vallée du Rhin, à quelque distance (r. g.), se trouve Altstädten, point de départ de plusieurs routes qui traversent les Alpes de Saint-Gall. Le fleuve se rapproche des hauteurs de la rive gauche; sa rive droite est marécageuse. Il passe à Rheineck et, quelques kilomètres plus loin, tombe dans le lac de Constance.

Le **lac de Constance** (Boden See) a 60 kil. de longueur entre Bregenz et Ludwigshafen. Sa plus grande largeur entre Arbon (r. g.) et Langenargen (r. d.) est de 14 kil. environ (alt., 398 m.; profondeur max., 278 m.). Cinq États différents ont des têtes de lignes ferrées sur ses rives; l'Autriche à Bregenz, la Bavière à Lindau, le Wurtemberg à Friedrichshafen, le grand-duché de Bade à Constance, sur la rive gauche du lac; la Suisse, qui possède toute cette rive à l'exception de Constance, a plusieurs têtes de lignes à Constance, à Romanshorn, et à Rorschach.

L'extrémité nord-ouest du lac s'appelle **Uberlinger See**, du nom de la petite ville d'Uberlingen (r. d.).

A Constance, le Rhin a environ 150 m. de largeur; il tombe ensuite dans le lac de Zell ou **Unter See** d'où il sort à Stein; il est navigable jusqu'à Schaffouse; c'est entre l'Unter See et Schaffouse que le Rhin est traversé par les routes qui conduisent dans la *trouée sud* du Danube, direction suivie en 1796 et en 1800 par les armées françaises. Ce passage était autrefois commandé près de Singen par le *Hohentwiel* (691^{m}), piton isolé, qui portait une forteresse, célèbre par sa défense dans la guerre de Trente ans, et qui fut détruite, en 1800, par le général Vandamme. Cette position, déjà occupée par les Romains, commande la route la plus courte entre le Rhin (Stein) et le haut Danube (Immendingen) par Engen. Plus au nord, sur les deux côtés de la voie ferrée, se trouvent plusieurs autres croupes volcaniques : le *Hohenkrähen* (645^{m}) et le *Hohenhofen* (870^{m}) à l'ouest, et d'autres analogues au pied de l'*Hohgans* à l'est.

Sur le Rhin, Stein, Schaffouse, et Eglisau, sur la rive droite, sont les villes principales de trois enclaves appartenant à la Suisse.

Schaffouse a une certaine importance stratégique comme porte d'entrée de la plaine bavaroise au nord, de la plaine Suisse au sud; c'est le nœud des principales routes qui tournent la Forêt-Noire et le haut

Danube. Schaffouse a un ancien fort, le fort d'Unnoth, qui doit à ses murs épais et à quelques abris blindés d'être susceptible d'une certaine résistance.

En donnant à la Suisse les territoires des environs de Schaffouse, les traités de 1815 avaient eu pour objet d'interdire à la France les routes d'invasion de la trouée sud du Danube; en effet, en admettant qu'une armée française ait passé le Rhin en aval de Bâle pour remonter la rive droite, et suivre le défilé des villes forestières, il lui serait difficile de déboucher dans la vallée du Danube sans passer sur le territoire neutre. Aujourd'hui, une offensive de la France dans cette direction est hors de toute vraisemblance et les enclaves de la rive droite du Rhin gênent, au contraire, les Allemands au point de vue économique et militaire. Pour éviter l'enclave de Bâle, ils ont, à grands frais, ouvert un tunnel sous le Dinkelsberg, de manière à raccorder par une ligne directe Rheinfelden, Lörrach, et le pont de Leopolshöhe. Quant à la ligne de raccord qui doit éviter le territoire de Schaffouse, elle sera sans doute prochainement achevée.

En aval de Schaffouse se trouve une chute du Rhin haute de 30 m. environ sur 100 m. de large. Au-dessous d'Eglisau jusqu'aux environs de Bâle, le Rhin forme la limite politique de la Suisse. C'est une bonne ligne défensive, grâce à ses écueils et à ses rapides qui gênent l'établissement des ponts.

Plus en aval, les points les plus notables du Rhin sont : Waldshut, Laufenburg, Säckingen (r. d.). Rheinfelden (r. g.). Ces villes que l'on désigne sous le nom de villes forestières, ont des ponts de bois couverts et sont des points de passage d'une certaine importance stratégique. Entre Waldshut et Säckingen, le Rhin est serré de très près par les hauteurs de la rive droite; il forme des rapides, *Laufen*, d'où le nom de Laufenburg. La route et le chemin de fer sont tracés à flanc de coteau ; c'est un long défilé facile à défendre.

Bâle est sur la rive gauche, avec faubourg sur la rive droite.

Ponts du Rhin de Constance à Bâle.

Constance	Pont pour le chemin de fer, pierre et bois.
Stein	Pont de bois, pont de chemin de fer plus en aval.
Diessenhofen	Pont de bois.
Schaffouse	Deux ponts.
Laufen	Pont de chemin de fer, au-dessus de la chute du Rhin (passage pour les piétons seulement).
Rheinau	Pont de bois.
Flaach	Pont de fer.
Eglisau	Pont de bois, passage favorable de la rive droite sur la rive gauche.
Kaiserstuhl	Pont de bois.
Rheinheim	Pont de bois.
Waldshut-Coblenz ..	Deux ponts, dont un pont de fer pour la voie ferrée.
Laufenburg	Pont de bois.
Sackingen	Pont de bois.
Rheinfelden	Pont de bois.
Bâle	Trois ponts et un pont de fer pour la voie ferrée.

Affluents de gauche du Rhin. — La **Thur** sort des Alpes d'Appenzell près de Wildhaus; sa vallée supérieure, appelée Toggenburg, est suivie par une bonne route qui franchit la crête au Wildhaus-Sattel et descend dans la vallée du Rhin à Gams. Un chemin de fer la remonte jusqu'à Ebnat. Près de son affluent, la **Murg**, à quelque distance à gauche, Frauenfeld. A Bischofzell, la Thur reçoit (r. d.) la **Sitter** qui passe à Appenzell et à 2 kil. de Saint-Gall, centres industriels de filatures de coton.

La **Töss** passe à peu de distance de Winterthur (r. d.), où convergent de nombreuses routes et six lignes ferrées.

La **Glatt** reçoit les eaux du lac de Greifen.

Ces trois rivières, et principalement la Thur, forment des lignes successives de défense parallèles au Rhin. La Glatt, dont les bords sont en partie marécageux, forme fossé en avant des hauteurs de la rive droite de la Limmat.

L'**Aar** est l'affluent le plus considérable du Rhin.

Les torrents dont elle est formée descendent des glaciers du Finster-Aar-Horn. Le col de Grimsel unit l'Aar avec la vallée supérieure du Rhône; la route du col de Susten qui part de Meyringen, la met en relations avec la Reuss.

L'Aar se perd dans les lacs de Brienz et de Thun, entre lesquels est situé Interlaken.

A l'extrémité orientale du lac de Brienz, la petite ville du même nom est le point de départ de la route de Lucerne par le col du Brünig et Sarnen.

Thun est située au point de convergence des sentiers de l'Oberland. L'Aar y devient navigable. C'est déjà un obstacle de valeur. Elle passe à Berne, capitale fédérale; Aarberg, anciennes fortifications; Soleure (Solothurn), au débouché des routes du Jura; Aarburg, arsenal fédéral avec vieux remparts taillés dans le roc et abris casematés; Olten, embranchement du chemin de fer de Bâle par le tunnel d'Hauenstein; Aarau, magasins, arsenal, fonderie de canons, casernes, hôpitaux.

Brugg, en amont et près du confluent de la Reuss et de la Limmat, à l'embranchement du chemin de fer de Zurich et d'une ligne directe sur Bâle, est une importante position stratégique. Au-dessus et en amont de Brugg, se trouve sur la rive droite de l'Aar l'ancien château des Habsburg. L'Aar finit dans le Rhin à Coblenz, en face de Waldshut (r. d.).

Les affluents de l'Aar sont :

La **Simme** (r. g.), dont la vallée inférieure est suivie par la route de Thun à Montreux, tombe dans le lac de Thun ; son affluent de droite, la **Kander**, conduit au col de la Gemmi ; le chemin, qui est carrossable jusqu'à Kandersteg, aboutit aux bains de Louèche.

A Oltingen (r. g.), la **Saane** ou **Sarine**, dont la vallée communique avec le lac Léman par le col de la Dent de Jaman et qui passe à Fribourg. A droite, près de Laupen, la Saane reçoit la **Sense**; elle dessine une ligne de défense que l'armée suisse occupa en 1798 pour couvrir Berne; cette position ne put être enlevée de front par le général Brune.

A quelque distance en aval, d'Aarberg (r. g.), la **Zihl**, déversoir des lacs de Bienne et de Neuchâtel.

Dans le lac de Neuchâtel se verse l'**Orbe**, qui ouvre la route de Pontarlier par Jougne.

Sur les bords du lac sont situées les villes historiques de Yverdon, Granson, Neuchâtel[1], où arrive l'importante route de Pontarlier par les Verrières.

Le lac de Neuchâtel se déverse dans le lac de Bienne; il reçoit (r. d.) la **Broye**, qui descend des collines du Jorat, passe à Payerne et traverse le lac de Morat (Murten See).

En aval de Soleure, l'Aar reçoit (r. d.) la **Grosse-Emme** qui passe près de Langnau.

La **Suhr** (r. d.) lui amène les eaux du lac de Sempach et passe à Sursée.

La **Reuss**, qui tombe dans l'Aar en aval de Brugg, descend du massif du Saint-Gothard; sa vallée fort étroite est longée par une route. *C'est la seule route carrossable que l'on trouve pour pénétrer dans la Plaine suisse depuis le lac Léman jusqu'à Sargans sur le Rhin.* La Reuss communique avec le Rhône par le col de la Furka, avec le Rhin par l'Oberalp; les vallées supérieures des torrents qui la forment, prolongent ainsi, entre le Rhône et le Rhin, le grand couloir longitudinal du versant nord des Alpes; ils se réunissent dans une belle vallée en forme de cuvette, ancien bassin lacustre, dans lequel se trou-

[1] Neuchâtel était le chef-lieu d'une principauté qui appartenait au roi de Prusse et qui forma, pendant quelque temps, l'apanage du maréchal Berthier. En 1815, elle fut rendue à la Prusse, mais fut comprise en même temps dans la Confédération neutre des cantons suisses. En 1848, la principauté rompit les liens qui l'attachaient à son prince et se donna une constitution républicaine. Le roi de Prusse se contenta de protester; mais une contre-révolution, tentée en 1856, ayant été violemment comprimée, il menaça la Suisse d'une intervention armée. La médiation de l'empereur Napoléon III apaisa le différend et, par une convention du 26 mai 1857, le roi de Prusse renonça à ses droits princiers.

vent les villages d'Hospenthal et d'Andermatt. A peu de distance d'Andermatt, la Reuss sort de ce bassin par une gorge étroite et profonde, ouverte dans le granit. Elle forme une chute remarquable, au-dessous de laquelle a été construit le Pont-du-Diable. La route, qui longe la rivière, franchit ce défilé, par un tunnel de 40 m. environ, le Trou d'Uri.

La vallée de la Reuss est sauvage, bordée sur sa rive droite par les glaciers et les roches pittoresques de la Windgälle, à gauche par le massif du Titlis. A Göschenen, l'entrée du grand tunnel du Saint-Gothard ; en amont d'Amstäg, se détache (r. g.) le chemin de Susten ; à quelques kil. en aval d'Altdorf, à Fluelen, la Reuss se perd dans le beau lac des Quatre-Cantons, elle en sort à Lucerne.

La Reuss reçoit :

Le **Schachen**, qui tombe à Altdorf (r. d.) et ouvre la route de Glaris par le Klausen-Pass.

La **Muotta**, qui se jette dans le lac des Quatre-Cantons (r. d.), laisse, à droite, Schwyz, et ouvre la route de Glaris par le Klœnthal (Prägel Pass).

Les eaux du lac de Sarnen tombent (r. g.) dans le lac des Quatre-Cantons, et celles du lac de Zug, plus en aval, dans la Reuss (r. d.).

La **Limmat** descend du Tödiberg, sous le nom de **Linth** ; elle passe à Glaris et tombe à l'extrémité occidentale du Wallensée. Entre le Wallensée et le lac de Zurich, la Linth est canalisée.

Le lac de Zurich est traversé en face de Rapperschwyl par un pont de 1600 m. ; ses eaux s'écoulent par la Limmat ; les hauteurs de l'Albis (r. g.), aux pieds desquels est Zurich, forment une position militaire, qui fut défendue, en 1799, par Masséna.

La Limmat passe à Dietikon, Baden ; elle finit dans l'Aar, à peu de distance au-dessous de la Reuss.

Un peu en amont de Bâle, le Rhin reçoit encore la **Birse**, longée par le chemin de fer de Montbéliard par Delémont.

CONSIDÉRATIONS GÉNÉRALES

SUR LA SUISSE[1].

Depuis la trouée de Belfort jusqu'au défilé du Rhône en aval de Genève, la France confine à la Suisse.

A partir du Ballon d'Alsace, la **frontière franco-suisse** est tracée sur la ligne de partage des eaux entre les affluents de l'Ill et ceux du Doubs; elle rejoint la frontière suisse à l'est de Delle, coupe le Doubs en laissant à la Suisse le coude de Sainte-Ursanne, et longe ensuite le cours de cette rivière jusqu'auprès de Morteau. Elle suit quelque temps la crête principale du Jura, puis coupe la vallée supérieure de l'Orbe, qu'elle laisse à la France avec la route de la vallée des Dappes[2] et le pays de Gex; elle contourne au sud le territoire de Genève et donne à la France une partie des rives méridionales du lac Léman jusqu'au défilé de Saint-Gingolph; elle est ensuite tracée jusqu'au mont Blanc, sur l'arête qui sépare les affluents du Rhône de ceux du lac Léman.

A partir du mont Dolent, dans le massif du mont Blanc, la frontière **entre l'Italie et la Suisse** suit la crête des Alpes pennines jusqu'à la route du Simplon;

[1] Pour la description du Jura, se reporter au tome I (*France*).

[2] La vallée des Dappes fut cédée à la France en 1862 en échange d'autres territoires. Les traités de 1815 l'avaient rendue à la Suisse, mais la France ne cessa de réclamer contre cette clause qui lui enlevait la libre disposition de la route des Rousses à Gex. Cette question fut réglée de nouveau par une convention du 8 décembre 1862; la Suisse abandonna ses droits sur la route et sur la partie occidentale de la vallée, qui d'ailleurs n'est pas habitée. La France lui donna de son côté des terrains également déserts sur les pentes du Noirmont et s'engagea à ne point construire de fortifications sur le territoire rétrocédé.

elle laisse à la Suisse une partie du val Vedro jusqu'à Gondo, où quelques ouvrages, aujourd'hui abandonnés, avaient été construits sur le territoire suisse, pour la défense de la route du Simplon; puis, elle reprend la crête jusqu'au col de San Giacomo, entre les sources du Tessin et celles du Toce; elle englobe alors un certain nombre de vallées italiennes, qui forment le canton du Tessin. La partie supérieure du lac Majeur, la presque totalité du lac de Lugano, appartiennent à la Suisse. Le contrefort difficile, qui sépare le val Mesocco (route du Bernardino) de la vallée de la Maïra (route du Splügen), sert de démarcation jusqu'au col même du Splügen.

Les vallées supérieures de la Maïra (val Bregaglia, route de la Maloïa) et du Poschiavino (route du Bernina) appartiennent à la Suisse. L'Italie, de son côté, possède le val de Livigno, qui débouche dans l'Engadine. Enfin le Stelvio forme la frontière commune entre l'Italie, la Suisse, et le Tirol autrichien.

Toutes les routes d'Italie viennent déboucher dans le sillon longitudinal Rhône—Reuss—Rhin, et, pour en sortir, il n'existe que trois routes carrossables :

à l'ouest, par le Rhône, sur le lac Léman;

au nord, par la Reuss, sur le lac des Quatre-Cantons;

à l'est, par le Rhin, Coire, et Sargans, sur le lac de Zurich.

La **frontière austro-suisse** part du Stelvio; elle laisse à la Suisse le Münster-Thal (partie supérieure du val Tauffers); atteint l'Inn à Martinsbruck et suit son cours jusqu'à Finstermünz, près des vieilles fortifications autrichiennes de Ferdinandsfeste. La frontière remonte ensuite jusqu'au Gribel-Kopf (3,020^{m}) qui appartient au massif du Silvretta ; elle suit les crêtes de ce massif jusqu'au Silvretta même (3,415m), puis l'arête du Rhætikon jusqu'au Rhin, près de Luziensteig.

L'enclave formée par la principauté de Liechtenstein sépare le Vorarlberg du Rhin ; le fleuve marque ensuite la limite jusqu'au lac de Constance.

La frontière entre l'Allemagne et la Suisse suit d'une manière générale les rives du lac de Constance et le cours du Rhin. Cependant la ville de Constance (r. g.), appartient au duché de Bade, et, sur la rive droite, des enclaves, appartenant à la Suisse, entourent les villes de Stein, Schaffouse, Eglisau, et Bâle.

La Confédération helvétique comprend 22 cantons dont trois divisés :

Berne est le siège du gouvernement fédéral.

Les affaires de la Confédération sont réglées par deux assemblées et un conseil exécutif.

Les deux assemblées sont : le *Conseil national*, composé de députés élus directement par le peuple pour trois ans, à raison d'un par 20,000 habitants (environ 145 membres), et le *Conseil des États*, composé des représentants des cantons, nommés par les gouvernements cantonaux, à raison de deux par canton et d'un par demi-canton (c'ést-à-dire de 44 membres).

Ces deux conseils, réunis en *Assemblée fédérale*, élisent, pour sept ans, le *Tribunal fédéral*, et pour trois ans, le *Conseil fédéral*, composé de sept membres et qui représente l'autorité exécutive. Le président du Conseil, élu pour un an, est président de la Confédération.

Les cantons se gouvernent librement ; leurs institutions sont fort diverses ; le pacte fédéral conclu en 1815, a été remplacé en 1848 par une constitution fédérale, qui a été revisée en 1874.

On compte 3/5 de calvinistes et 2/5 de catholiques.

Cantons suisses.

		Chef-lieu.	Langue.	Religion.	Habitants.
Appenzell[1].	ausser Rhoden.	Herisau-Trogen	Allem..	Protest.	54,200
	inter Rhoden..	Appenzell.....	id....	Cathol..	12,906
Argovie	....	Aarau........	id....	id....	193,328
Bâle..	Ville..........	Bâle.........	id....	Protest.	74,251
	Campagne.....	Liestal.......	id....	id....	62,133
Berne	....	Berne...	All.-Fr.	Pr.-Cat.	539,271
Fribourg	....	Fribourg......	Fr.-All.	id....	119,562
Genève	....	Genève..	id....	Pr.-Cat.	107,000
Glaris	....	Glaris........	id ...	Protest.	33,800
Grisons[2]	....	Coire........	All.-Fr.	Pr.-Cat.	96,291
Lucerne	....	Lucerne......	Allem..	Cathol..	135,780
Neuchâtel	....	Neuchâtel.....	Français	Protest.	109,047
Schaffouse	....	Schaffouse....	id....	id....	37,879
Schwyz	....	Schwyz.......	id....	id....	50,396
Soleure	....	Soleure.......	Allem..	id....	35,720
Saint-Gall	....	Saint-Gall....	id....	Pr.-Cat.	229,441
Tessin	....	Locarno......	Italien..	Cathol..	127,274
Thurgovie	....	Frauenfeld....	id ...	id....	105,091
Unterwalden	Ober dem Walde.	Sarnen.......	id....	id....	15,032
	Nieder d. Walde.	Stanz	id....	id....	12,524
Uri	....	Altdorf.......	id....	id....	17,284
Valais	....	Sion.........	F.-A.-I.	Cathol..	101,925
Vaud	....	Lausanne.....	Français	Cathol..	251,238
Zug	....	Zug..........	id....	Cathol..	23,120
Zurich	....	Zurich.......	Allem..	Protest.	339,014
		(Recensement de 1888).	Total......		2.934.057

[1] Le canton d'Appenzell est entièrement enclavé dans celui de Saint-Gall. Les guerres de religion de 1597 l'ont divisé en deux demi-cantons: Inter Rhoden (*Rhodes intérieures*) (160 k. c.) population de pâtres exclusivement catholiques; Ausser Rhoden (*Rhodes extérieures*) (230 k. c.; environ 3,000 cath. sur 54,000 hab.).

[2] Les Grisons forment un canton de la Suisse depuis 1803. C'est un des plus grands. Il comprend 1/16 du pays. Ce canton était composé, jusqu'en 1848, de 26 petites républiques presque indépendantes, qu'on appelait *Juridictions*. La nouvelle Constitution a supprimé ces privilèges locaux. Les 3/5 de la population sont protestants; les 2/3 de race romande, le reste de race germanique.

Plus de deux millions d'habitants, soit 72 p. 100, parlent l'allemand; 638,000, le français, soit 22 p. 100; 157,000, soit 5.4 p. 100, l'italien; 38,000, le roman, soit 1.4 p. 100.

La limite entre la langue française et la langue allemande est à peu près indiquée par une ligne qui serait tracée du mont Rose au Ballon d'Alsace.

L'italien se parle sur le versant méridional; le roman ou *Churwœlsch*, qui est un latin corrompu, se parle dans quelques parties de l'Engadine et dans la vallée supérieure du Rhin. Il se divise en deux dialectes : le *ladin* dans l'Engadine, le *roman* dans l'Oberland grison.

Le français, l'italien, et l'allemand sont également considérés comme langues officielles.

Armée suisse.

La loi du 13 novembre 1874, complétée par l'ordonnance du 5 déc. 1887 au sujet du landsturm, a organisé l'armée fédérale. Jusqu'à cette époque, chaque canton avait conservé une indépendance relative au point de vue du service militaire. Actuellement, il leur est interdit d'entretenir plus de 300 soldats de profession pour leur service d'ordre intérieur.

L'armée se divise en : **élite** (*Auszug*); **landwehr**, et **landsturm.**

Sur un budget fédéral de 60 millions de francs environ, les dépenses militaires s'élèvent à près de 23 millions.

Le service personnel est obligatoire de 20 à 44 ans, dont 12 ans dans l'élite et 12 ans dans la landwehr; pour la cavalerie : 10 ans dans l'élite, 14 ans dans la landwehr.

Certaines catégories de fonctionnaires et employés sont dispensées. Tous les hommes dispensés du service militaire payent une taxe, dont le chiffre varie de 6 à 300 francs.

Tout citoyen suisse, âgé de 17 à 50 ans révolus, qui n'est incorporé ni dans l'élite, ni dans la landwehr, ou qui est dispensé, est obligé au service dans le landsturm.

Formations organiques.

(Effectifs en 1890.)

Les hommes de la landwehr sont répartis en bataillons, escadrons et compagnies, correspondants à ceux de l'élite, sauf pour l'artillerie, 8 batt. au lieu de 48 batt. de campagne. Exceptionnellement, ils peuvent être appelés à compléter les cadres de l'élite.

	Élite.	Landwehr.	Totaux.
États-majors et officiers disponibles.	1,205	297	1,502
Infanterie	96,562	64,237	160,799
98 bataillons de fusiliers (formant 32 rég. et 2 bat. isolés).			
8 bataillons de carabiniers.			
Cavalerie..........	2,910	2,830	5,740
24 escadrons de dragons.			
12 compagnies de guides.			
Artillerie..........	17,654	10,487	28,141
48 batteries de campagne de l'élite (8 batt. de campagne de landwehr).			
2 batteries de montagne.			
8 compagnies de position, etc.			
Génie............	5,036	1,838	6,874
24 compagnies.			
Troupes sanitaires..............	1,917	848	2,765
Troupes d'administration	1,160	259	1,419
	126,444	80,796	207,240

L'effectif du landsturm est de 262,700 hommes.

Le landsturm forme 96 bataillons de fusiliers comptant 200 hommes environ, 32 compagnies de carabiniers, 26 compagnies d'artillerie, etc.

Le régiment d'infanterie est formé par 3 bataillons de fusiliers, commandé par un lieutenant-colonel.

Le régiment de cavalerie, par 3 escadrons de dragons.

Le régiment d'artillerie, par 2 batteries.

La brigade de 2 régiments d'infanterie est commandée par un colonel-brigadier.

La division, commandée par un colonel divisionnaire, comprend 2 brigades d'infanterie, 1 bataillon de carabiniers, 1 régiment de dragons, 1 compagnie de guides, 1 brigade d'artillerie, 1 bataillon du train, 1 bataillon du génie (env. 12,500 hommes, 2,400 chevaux, 36 canons, 400 voitures).

On évalue le déchet, toujours considérable à cause de l'émigration, à 10 p. 100 environ. Il resterait donc, au moment d'une mobilisation, approximativement 190,000 hommes disponibles dans l'élite et dans la landwehr réunies, et 240,000 hommes dans le landsturm ; soit un total de 430,000 hommes.

L'armée suisse est une armée de milice, mais très solide, bien qu'un très petit nombre seulement d'officiers et de sous-officiers soient conservés d'une manière permanente sous les drapeaux, en qualité d'instructeurs.

L'esprit est excellent. Malgré leur temps de service fort réduit, les hommes sont suffisamment exercés, bons marcheurs et bons tireurs. On doit rappeler qu'en 1870, dès le 16 juillet, l'ordre de mobilisation fut donné à 5 divisions, et, dès le 19, c'est-à-dire le jour même de la déclaration de guerre, on avait déjà concentré 37,000 hommes, 3,500 chevaux et 66 canons. Dès le 16, le pont de Bâle était gardé par des forces respectables.

L'armée comprend des troupes *fédérales* et des troupes *cantonales*.

Les premières sont à la charge de la Confédération. Ce sont, outre les états-majors, les guides, le train, les colonnes de parc, les artificiers, les bataillons du génie, les troupes sanitaires et les troupes d'administration.

Les troupes cantonales sont à la charge des cantons auxquels appartient le droit de nomination des officiers subalternes de leurs troupes. Les autres sont nommés par le Conseil fédéral.

Le recrutement des officiers offre de grandes difficultés. Ils sont choisis parmi les sous-officiers qui ont suivi une école d'officiers. Les élèves de l'École polytechnique de Zurich reçoivent le grade de premier lieutenant, s'ils satisfont à certaines conditions.

L'instruction des troupes est donnée pendant des périodes de rassemblement, fixées par la loi, appelées *Écoles de recrues* et *Cours de répétition*. La durée des écoles de recrues varie de 45 à 60 jours d'après les armes. Les hommes de l'élite sont appelés tous les deux ans pour un cours de répétition d'une quinzaine de jours[1], pendant lesquels ont lieu des manœuvres de bataillons, régiments, brigades, ou divisions.

En outre, il y a de fréquents exercices facultatifs de tir.

Chaque milicien est détenteur de ses effets et de ses armes ; chaque cavalier de l'élite est détenteur de son cheval ; ce qui explique la rapidité de la mobilisation.

L'armée suisse est administrée par le *département militaire fédéral ;* elle est commandée en temps de guerre par un général nommé par l'Assemblée fédérale ; mais, la guerre une fois terminée, ce titre devient une simple distinction honorifique, qui ne confère aucun droit à un commandement.

Le territoire est divisé en *huit* circonscriptions militaires correspondant aux divisions, savoir :

1. cantons de Vaud, Genève, Valais inférieur ;
2. — Fribourg, Neuchâtel, Jura bernois ;
3. — Berne, sans le Jura ni l'Emmenthal ;
4. — Lucerne, Unterwalden, Zug, et l'Emmenthal ;
5. — Soleure, Argovie, Bâle ;
6. — Schaffouse et partie de Schwyz ;
7. — Thurgovie, Saint-Gall, Appenzell ;
8. — Glaris, Uri, Grisons, Tessin, Valais inférieur, et partie de Schwyz.

[1] La cavalerie est appelée tous les ans pendant dix jours.

Discussion stratégique.

Placée au centre de l'Europe, entre la France, l'Allemagne, l'Autriche, et l'Italie, commandant les grandes routes stratégiques qui font communiquer ces États, la Suisse a une importance militaire exceptionnelle.

En 1815, les grandes puissances, préoccupées surtout de se garantir contre une agression de la France, jugèrent avantageux de former, sous la garantie du droit public européen, la Suisse en État neutre, suffisamment fort pour faire respecter sa neutralité. On enlevait ainsi à la France la possibilité de prendre, au début d'une guerre, une position menaçante sur le flanc de l'Italie par le Simplon, sur le flanc de l'Allemagne par les villes forestières et la trouée du Danube. Maintenant que l'Allemagne et l'Italie unifiées sont devenues de puissants États militaires, cette neutralité en rendant difficile la jonction des armées de la triple alliance, gêne, à notre grand avantage, ses combinaisons stratégiques. La neutralité de la Suisse est autre chose qu'un article de traité qu'un caprice pourrait effacer. Elle est appuyée sur le patriotisme et la fierté d'un peuple énergique, et pourrait être défendue, au besoin, par plus de 400,000 hommes. Ce serait une erreur grave de ne pas en tenir compte dans les éventualités à discuter.

La Suisse, comme on l'a vu plus haut, comprend deux parties fort différentes : une zone montagneuse, où se trouvent les sommets les plus élevés de l'Europe, et où les plus grands fleuves ont leur source, et une zone relativement basse et peu accidentée, qui est la Plaine suisse.

La ligne de séparation entre les deux régions est marquée par le chemin de fer Lausanne, Fribourg, Berne, Lucerne, Zurich, Romanshorn.

La Plaine suisse, bordée d'un côté par le Jura, de l'autre par les Alpes, est une sorte de long couloir qui s'allonge depuis Genève et Lausanne jusqu'à Constance. Le sol est riche, les communications nombreuses, la population dense; c'est la partie militaire de la Suisse, c'est-à-dire celle dans laquelle des armées peuvent vivre et manœuvrer. Si l'on vient d'Allemagne, on y pénètre au nord en passant le Rhin entre Constance et le confluent de l'Aar; du côté de la France, on y descend par le Jura; mais l'Aar, les lacs de Bienne et de Neuchâtel tracent un grand fossé au pied des remparts successifs formés par les chaînes du Jura; cette ligne pourrait être défendue, en outre la marche dans les défilés des montagnes offre des difficultés; il semble donc que la porte d'entrée la plus facile de France en Suisse soit l'intervalle entre le lac Léman et le lac de Neuchâtel, où viennent aboutir les routes des Rousses et de Pontarlier.

Si l'on fait abstraction de la neutralité suisse, et si l'on examine cette région au seul point de vue théorique d'un échiquier stratégique, on arrive aux conclusions suivantes :

Une armée allemande qui se propose d'aborder la frontière française du Jura et de faire éventuellement sa jonction avec une armée italienne, passera le Rhin entre Constance et Waldshut. Elle n'a aucun intérêt à le passer entre Waldshut et Bâle, où la rive gauche est serrée par le Jura.

Suivant le point où le passage serait forcé, l'armée suisse pourrait défendre les lignes successives de la

Thur, de la Töss, et de la Glatt, ou l'une d'elles, mais très certainement, elle serait à même d'arrêter assez longtemps l'adversaire, sur la très forte ligne marquée par la Limmat, la droite appuyée au lac de Zurich, la gauche à Brugg, près des confluents de l'Aar, de la Limmat, et de-la Reuss, et elle pourrait y attendre les secours d'une armée française. C'est cette position qu'occupa Masséna en 1799 après la bataille de Zurich et sur laquelle il resta trois mois.

Dans le cas, absolument improbable, où ce serait une armée française qui prétendrait traverser la Suisse pour atteindre le Rhin à Schaffouse, sa base d'opérations serait Pontarlier—les Rousses. Dans cette éventualité, la première ligne de résistance du côté suisse est la ligne de la Venoge, aff. du lac Léman, reliée par un canal à l'Orbe, aff. du canal de Neuchâtel. Cette ligne, longue de 45 kil., est longée par le chemin de fer Yverdon—Lausanne.

Plus en arrière est la ligne de la Sarine, que les Suisses défendirent en 1798 contre le général Brune qui marchait sur Berne. Cette ligne est d'ailleurs médiocre, et, de plus, elle pourrait être prise à revers par une offensive partant de Morteau, par le val Saint-Imier et Bienne.

D'autre part, les passages du Jura ne sont pas défendables, et il faudrait y employer des effectifs supérieurs aux ressources de l'armée suisse; mais cette discussion est toute spéculative. On a dit avec beaucoup de raison [1] qu'une attaque de la France sur la Suisse et sur la frontière sud de l'Allemagne, serait une opération si extravagante, qu'elle ne méritait pas la peine d'être

[1] Voir tome I *France*, et tome III *Allemagne*.

discutée; que si la France avait élevé de nouvelles fortifications sur certains points du Jura, cela n'impliquait aucune idée d'offensive ; que c'était l'indice d'une préoccupation exagérée sans doute, et dans l'intention de se prémunir contre le retour d'événements analogues à ceux de 1814 ; que d'ailleurs, loin de menacer la neutralité suisse, ces fortifications servaient, au contraire, ses intérêts, en détournant les projets d'attaque que l'Allemagne pourrait former, si cette frontière était sans défense.

Si l'on admet, enfin, qu'impuissante à défendre sa neutralité contre deux ennemis ardents à s'aborder, l'armée suisse soit obligée de s'écarter du conflit, afin d'éviter de compromettre l'indépendance nationale, elle devra prendre une position d'expectative, appuyée aux Alpes, près d'une poterne qui lui permette, en cas de grand danger, de rentrer dans le réduit défensif des montagnes, tout en restant toujours à même d'intervenir suivant les intérêts du pays.

C'est, dit avec raison le général Dufour, dans le champ clos compris entre l'Aar, la Limmat, et les Alpes, et dont les villes de Berne, Soleure, Zurich, Lucerne sont les portes, que, dans une grande lutte entre Allemands et Français, pourront se décider peut-être les destinées de la Suisse. C'est donc là que l'armée suisse doit avoir sa principale, ou plutôt son unique forteresse.

La création d'une seule place centrale destinée à protéger les magasins, les arsenaux, les richesses militaires, répond aux nécessités de la défense et à la modicité des ressources du pays beaucoup mieux que la construction de forts sur les frontières.

Sursée, aux environs du lac de Sempach, à égale distance des frontières du nord et de l'ouest, et à la sortie d'un des principaux débouchés des Alpes, a été indiqué comme la position la plus avantageuse. Adossée aux montagnes, l'armée suisse ne craindrait pas d'être enveloppée par un ennemi supérieur en nombre, et, s'il lui est impossible de défendre sa neutralité et d'intercepter la ligne Waldshut—Soleure—Neuchâtel, ligne naturelle des opérations des armées allemandes et françaises marchant l'une à la rencontre de l'autre, elle pourrait prendre, sur leur flanc, une position menaçante, comme le ferait, par exemple, dans un cas analogue, l'armée belge à Anvers, sur le flanc de la ligne Namur—Maubeuge.

Aucune suite n'a d'ailleurs été donnée à ces projets qui ont été formulés vers 1880, au moment où une certaine effervescence d'opinion était causée par la presse allemande dans le but d'exciter, contre la France, la méfiance et l'hostilité de la Suisse.

La Suisse a compris d'ailleurs qu'aucun danger ne la menaçait du côté de la France, qui, par ses sympathies traditionnelles, et, également aussi, en raison de l'intérêt qu'elle retire de la neutralité suisse, était au contraire, son alliée naturelle.

Sur sa portion de frontière commune avec l'Autriche, la position stratégique de la Suisse est également bonne. Par l'occupation de Luziensteig et par celle de Rheineck près du débouché du Rhin, dans le lac de Constance, on commande les deux voies ferrées qui traversent la frontière autrichienne.

Il serait facile de défendre les quelques routes qui, entre ces deux positions, s'élèvent en serpentant dans les gorges des Alpes d'Appenzell ; mais il faut garder également les rives du lac de Constance. La navigation y est très active; l'ennemi pourrait réunir des transports relativement nombreux et tourner par un débarquement les défenses de Rheineck.

Du côté de l'Autriche, il ne semble pas qu'il y ait de préoccupations sérieuses; mais on a pensé, en Suisse, qu'il était opportun de prendre des précautions sur la frontière italienne.

On sait que les traités d'alliance prévoient la coopération de corps d'armée italiens avec l'armée allemande dans le cas d'une guerre contre la France; et, si étonnante que cette combinaison puisse paraître, des plans ont été préparés pour le transport de ces troupes par le chemin de fer du Brenner; il est naturel de penser qu'on désirerait faire contribuer également la ligne du Saint-Gothard à cette opération; d'ailleurs le parti de l'*Italia irredenta* ne dissimule pas ses prétentions sur le canton italien du Tessin. En vue de complications possibles, la Suisse a donc décidé, en 1886, la construction d'un ensemble très complet de fortifications au Saint-Gothard.

Toutes les routes qui conduisent d'Italie en Suisse viennent aboutir dans le grand couloir longitudinal du Rhône—Rhin. *On ne peut en sortir ensuite que par trois portes :* celle du Rhône, fermée au défilé de Saint-Maurice; celle du Rhin, fermée au défilé de Sargans, par l'ancien fort de Luziensteig; celle de la Reuss, commandée par les nouvelles fortifications du Saint-Gothard.

On a beaucoup exagéré l'importance militaire du chemin de fer du Saint-Gothard. En admettant même que le tunnel n'ait pas été obstrué, il rendrait de médiocres services pour les transports de troupes. On ne saurait y faire circuler que des demi-trains; or, on emploie ordinairement plus de 100 trains pour un corps d'armée. Il en faudrait donc 200, et, si l'on tient compte du matériel spécial de traction, de la vitesse réduite par suite des pentes et des courbes, de l'absence de quais de débarquement et de voies de dégagement, on doit considérer un rendement de 10 trains par jour, comme une moyenne difficile à atteindre. Il faudrait donc 20 jours pour transporter de Bellinzona à Lucerne, ou réciproquement, un corps de 30,000 hommes avec son matériel. Il serait plus rapide, pendant la belle saison du moins, de faire prendre aux troupes la route de terre. Cette route conserve donc toute sa valeur militaire.

Les fortifications, récemment construites au **Saint-Gothard**, comprennent :

1° Le fort d'*Airolo*, à 1,500 m. à l'ouest de la station, battant la route et l'entrée sud du tunnel; coupoles et casemates cuirassées. A 300 m. au-dessus du fort, la batterie de *Motto-Bartola*.

2° Les ouvrages d'*Andermatt*, destinés à interdire les routes de la vallée de la Reuss et du col de l'Oberalp, se composeront de plusieurs forts, dont les deux principaux, taillés dans le roc et munis de coupoles, recevront un puissant armement.

3° Le fort de l'*Oberalp*, battant la route du Rhin.

4° Le fort de la *Furka*, battant la route du Rhône et les lacets de la route nouvelle du Grimsel.

5° Le fortin du *Saint-Gothard*, voisin de l'hospice.

Cet ensemble est donc très sérieux, et l'on prévoit, outre la garnison permanente des forts, l'organisation d'une réserve mobile; l'effectif total devant être d'une quinzaine de bataillons.

On étudie, en outre, la création de nouveaux ouvrages à la cluse de Saint-Maurice et à celle de Luziensteig.

Il existe en Suisse quelques autres fortifications, mais elles sont anciennes et n'ont plus guère qu'un intérêt historique. Tels sont les châteaux de *Bellinzona*, les batteries du *Gondo* sur le versant méridional du col du Simplon, les remparts d'*Aarburg*, les tours de *Soleure*, la tête de pont d'*Aarberg*, le fort d'Unnoth à *Schaffouse*, etc.

Les campagnes de 1799 et de 1814 présentent plusieurs exemples intéressants d'opérations militaires en Suisse.

Campagne de 1799. — Masséna, qui n'avait pas réussi à enlever la position de Feldkirch (mars 1799), s'était replié derrière la Thur. L'archiduc Charles se présentait entre Bâle et Schaffouse, et passait le Rhin à Stein; Hotze s'avançait par Feldkirch (22 mai), Rheineck, et Saint-Gall. Masséna voulut empêcher la jonction de l'archiduc avec Hotze; il battit l'ennemi à Frauenfeld, mais, se sentant trop faible, il se retira sur la Limmat et prit position en avant de Zurich (16 juin), où se livra une bataille disputée pendant trois jours ; puis, il passa sur la rive gauche, où il s'établit sur les hauteurs de l'Albis ; il resta trois mois sur la défensive.

Pendant ce temps, Lecourbe, qui avait d'abord occupé les Grisons et qui avait pénétré dans l'Engadine jusqu'à Martinsbruck, s'était vu obligé de rétrograder jusqu'au Saint-Gothard. Il avait été poussé par le corps russe de Bellegarde, qui l'avait obligé à se replier par la vallée de la Reuss à la suite d'une série de combats et de marches qui sont restés comme un modèle de la guerre de montagnes, Bellegarde descendit en Italie; Lecourbe réoccupa le Saint-Gothard.

Masséna avait 60,000 hommes, ainsi répartis : Lecourbe, avec 12,000 h., gardait le Saint-Gothard, la Reuss et la haute Linth ; Soult, avec 15,000 h., était posté entre les lacs de Wallenstadt et de Zurich ; Masséna, avec 30,000 h., occupait la position Brugg—Zurich. L'archiduc Charles avait quitté la Suisse pour prendre le commandement d'une armée qui se formait en Allemagne. Korsakov, resté sur la Limmat, se préparait à l'offensive lorsque Masséna le prévint. Laissant un rideau de troupes pour masquer son mouvement, il alla passer la Limmat plus en aval, à Dietikon (25 septembre), et attaqua par les deux rives. Korsakov perdit cavalerie, artillerie, et bagages, et, se faisant jour à travers l'armée française, ne ramena que 14,000 hommes sur le Rhin.

Soult, de son côté, passa la Linth et battit Hotze, qui fut tué.

A ce moment, Souvarov, maître de la Lombardie, voulait franchir le Saint-Gothard pour donner la main à Korsakov par la vallée de la Reuss ; il réussit à forcer le passage (24 septembre) ; cependant, Lecourbe, restant accroché aux flancs des montagnes, ne cessa de harceler les Russes qui défilaient, dans la vallée de la Reuss, par l'affreuse route du Trou d'Uri.

Arrivé à Altdorf, Souvarov, au lieu de la flottille autrichienne qui devait faciliter sa jonction avec Korsakov, trouva l'armée victorieuse de Masséna ; il essaya alors de marcher sur Glaris par la vallée de la Muotta ; la route lui fut barrée par la division Molitor, sur laquelle il se rua en désespéré ; il parvint à la percer et arriva jusqu'à Glaris, mais il ne put forcer le passage de la Linth et rétrograda par la vallée d'Enghi. Il s'engagea alors dans les difficiles montagnes du Tödiberg par le mauvais sentier de Panix, qui débouche à Ilanz dans la vallée du Rhin. On était au commencement d'octobre. La première neige tomba le 6 octobre, lorsque l'avant-garde était sur le point d'atteindre Ilanz ; le reste de la colonne ne put y arriver que le 10. La neige n'étant pas encore durcie, la marche fut extraordinairement pénible ; un grand nombre d'hommes périrent de misère et de froid. Dans cette marche de trois semaines, c'est-à-dire du 21 septembre au 10 octobre, l'armée de Souvarov perdit, outre 1600 prisonniers, presque tous ses chevaux, tous ses bagages, tous ses canons et le tiers de son effectif. Furieux de ce désastre, qu'il attribuait au manque de coopération des généraux autrichiens, Souvarov refusa de rentrer en campagne, et, malgré les sollicitations de l'archiduc Charles, il se retira en Bavière.

Bien que les routes des montagnes soient améliorées, on voit, par cet exemple, la difficulté qu'éprouveraient des troupes italiennes à traverser les Alpes pour donner la main aux troupes allemandes, tant que celles-ci n'auraient pas dégagé les débouchés sur le versant opposé. Une offensive, venant par le sud, n'a chance de réussir que dans le cas de succès déjà obtenus par l'armée alliée qui attaquerait par le nord.

Campagne de 1814. — L'armée de Bohême passa le Rhin à Bâle et aux villes forestières; sa droite tourna Belfort et marcha sur Nancy; son centre franchit le Jura par Neuchâtel; le général Bubna, avec l'aile gauche, marcha sur Genève, qui n'était pas défendu; il en fit sa base d'opérations. Napoléon avait, dès 1813, recommandé de fortifier cette place, à laquelle il attachait beaucoup d'importance, mais rien n'avait encore été fait. Le fort l'Écluse, qui défendait le défilé du Rhône, ne consistait alors qu'en une caserne sans valeur; il se rendit à la première sommation (15 janvier), et, quelques jours après, les colonnes ennemies se présentaient sur les hauteurs de la Croix-Rousse, devant Lyon, qui ne fut sauvé que par l'arrivée de renforts amenés par Augereau.

L'Empereur ordonna au maréchal Augereau de marcher sur Genève avec tout ce qui pourrait le suivre, de reprendre la ville et de se porter sur les communications de l'ennemi par le versant oriental du Jura. Il se promettait un grand résultat de cette diversion; mais Augereau agit mollement, perdit du temps, voulut d'abord assurer sa gauche en dégageant la Bresse et le Bugey; ses troupes, appuyées par les volontaires nombreux que fournit la population belliqueuse de la Bresse, livrèrent quelques combats heureux, mais qui ne pouvaient avoir aucune influence utile sur l'issue finale de la campagne. L'ennemi, s'étant renforcé dans le bassin de la Saône, descendit par les deux rives. Augereau essaya de couvrir Lyon en livrant bataille sur la côte de Limonest, au nord de la ville ; puis il se retira sur le Rhône et sur l'Isère.

On a souvent insisté sur la grande importance stratégique de la position de Genève. Il est certain que si l'Italie et l'Allemagne opéraient de concert contre la France, c'est par Genève que leurs armées pourraient coordonner leurs mouvements et la possession de cette grande ville leur serait fort utile. Cependant Genève n'ouvre pas l'entrée de la France. Les obstacles du Jura et des Alpes conservent toute leur valeur malgré la perte de cette ville. D'autre part, si la France veut prendre l'offensive en Suisse, il lui est si facile de tourner Genève par le nord ou par les rives méridionales du lac, que l'on ne voit pas quel rôle utile pourraient jouer, pour la défense de la Suisse, des fortifications élevées à Genève. Cette place peut être utile à la France; mais si elle n'est pas dans ses mains, elle ne saurait ni la gêner dans l'offensive, ni lui nuire dans la défensive.

Des considérations qui précèdent, il résulte que la Suisse, par la solidité et l'effectif de son armée, par la configuration de son territoire, par les dispositions qu'elle prend pour en assurer la défense, est très bien préparée à faire respecter sa neutralité. Cette constatation en est la meilleure sauvegarde.

Au point de vue économique, la situation géographique de la Suisse est non moins importante qu'au point de vue militaire. C'est le pays de jonction entre la France et l'Autriche, entre l'Allemagne et l'Italie;

mais c'est, en outre, le passage des lignes les plus courtes qui mettent l'Angleterre, la Hollande, et l'Allemagne occidentale en relation avec le canal de Suez; les chemins de fer de la Suisse sont, en réalité, une section de la route anglaise des Indes.

Cette route, qui cherche les tracés les plus courts et les plus rapides, passait, il y a quelques années, d'Alexandrie à Marseille, et traversait la France.

Le percement du Mont-Cenis et l'achèvement des chemins de fer de l'Italie méridionale ont modifié sa direction ; mais elle traversait encore la France depuis Modane jusqu'à Calais.

Le percement du Saint-Gothard a enlevé une partie de ce trafic à la ligne du Mont-Cenis, et, la France ayant perdu l'Alsace, la ligne de communication tracée par Bâle, Sarrebourg, Metz, Luxembourg, Bruxelles, et Ostende, ne passe plus par son territoire.

De grands efforts sont faits pour ramener le transit sur les lignes françaises par des abaissements de tarifs et par l'organisation de trains rapides dans la direction Reims, Langres, Belfort.

On pourrait, d'autre part, retrouver des conditions plus avantageuses en perçant les Vosges sous le Ballon d'Alsace ; la ligne se tracerait alors par Lille, Mézières, Nancy, Épinal, Belfort, Delémont, Berne ou Bâle, et Lucerne; mais elle continuerait à être tributaire du Saint-Gothard.

On a proposé alors pour faire concurrence au tunnel *allemand* du Gothard, de percer dans les Grandes Alpes un tunnel *français*. Deux projets, soutenus par des intérêts rivaux, se sont trouvés en présence.

Les uns proposaient de percer le **Simplon**. Ce serait prolonger la ligne Pontarlier—Lausanne—Brieg sur

Domo-d'Ossola et Milan; le tunnel serait international entre la Suisse et l'Italie, et la section Pontarlier—Brieg serait formée par des lignes suisses.

Le deuxième projet consistait à percer le **mont Blanc**. Le tunnel serait international entre la France et l'Italie; mais cette ligne serait impuissante à rivaliser avec le Gothard. Elle ne raccourcirait aucune distance et absorberait une partie du transit du Mont-Cenis.

Il n'est plus question aujourd'hui du percement du mont Blanc. La question du tunnel du Simplon, abandonnée par la France, a été reprise et fait l'objet de négociations encore pendantes entre la Suisse et l'Italie. L'Allemagne suit de très près cette entreprise et cherche à y faire prédominer son influence, comme elle l'a fait pour le Saint-Gothard. La durée du travail est évaluée à 10 ans et la dépense à 90 millions. 30 millions ont déjà été versés par égales parts, par l'Italie et la Suisse. De grands syndicats financiers fourniraient le reste.

Très importante au point de vue militaire, cette question a perdu de son intérêt au point de vue économique. Depuis qu'une voie ferrée relie le port de Salonique au réseau européen; c'est cette dernière direction qui semble devoir donner les plus grands avantages de vitesse pour les relations avec l'Orient.

D'autre part, l'achèvement, en 1884, du tunnel de l'**Arlberg** intéresse sérieusement les intérêts mutuels de la France et de l'Autriche-Hongrie, en mettant les deux pays en relation, sans traverser le territoire allemand.

Par l'Arlberg, la France communique avec Salonique et l'Orient.

Nous résumons dans le tableau ci-après quelques-unes des données relatives aux divers projets de percement pour en permettre la comparaison.

Tableau comparatif des distances :

(D'après les calculs de M. Vautier, ingénieur des ponts et chaussées.)

Itinéraires	Boulogne-Plaisance.	Paris-Plaisance.	Paris-Milan.
—	—	—	—
	Kil.	Kil.	Kil.
Via Mont-Cenis (Altitude : 1,338 m. Tunnel : 12,233 m.)	1,380	1,108	1,066
Via Simplon (Altitude : 729 m. Tunnel : 18,500 m.)	1,279	1,023	965
Via Saint-Gothard (Altitude : 1,152 m. Tunnel : 14,912 m.)	1,353	1,131	1,062
Via Mont-Blanc (Altitude : 1,073 ou 1,147 m. Tunnel : 14,800 ou 11,500 mètres)	1,403	1,131	1,093

Les distances données sont les distances virtuelles, c'est-à-dire la distance horizontale majorée d'après un coefficient de convention, tenant compte des pentes. Les distances sont données en kilomètres.

ITALIE

La péninsule italique[1] est admirablement délimitée par la nature. Les Alpes qui l'enceignent au nord, des promontoires ligures à la péninsule montueuse de l'Istrie, s'élèvent en muraille continue, sans autre brèche que des cols situés dans la zone des forêts de pins, des pâturages ou des neiges. Elle est aussi remarquable par le charme de son climat, la beauté de son ciel, que par la richesse de ses campagnes.

Grâce au rempart des Alpes qui la protège et aux mers qui l'entourent, l'Italie a une personnalité géographique bien distincte, et, comme l'a dit Napoléon, bien que le sud de l'Italie soit, par sa situation, séparé du nord, l'Italie est une seule nation. L'unité de langage, de mœurs, de littérature, devait un jour réunir ses habitants sous un seul gouvernement.

Des plaines de la Lombardie aux côtes de Sicile, tous les paysages ont des traits de ressemblance et sont baignés de la même lumière; mais que d'oppositions charmantes et de variété pittoresque dans cette grande unité! La chaîne des Apennins qui se soude à l'extrémité méridionale des Alpes françaises est l'agent principal de tous ces contrastes. D'abord, elle longe la mer comme un énorme mur s'appuyant de distance en distance sur de puissants contreforts; puis, elle se

[1] Nous analysons d'après la *Géographie universelle* de Reclus ce remarquable coup d'œil d'ensemble sur l'Italie.

développe en un vaste croissant à travers la péninsule italienne, tantôt s'amincissant en arête, tantôt s'élargissant en massif, s'étalant en plateau ou se ramifiant en chaînons et en promontoires. Les vallées fluviales et les plaines la découpent dans tous les sens; des bassins lacustres encore remplis d'eau ou déjà comblés par les alluvions, s'étendent à la base de ses rochers; des cônes volcaniques se dressant au-dessus des campagnes, contrastent par la régularité de leur forme avec les escarpements inégaux de l'Apennin. La mer, invitée et repoussée tour à tour par les sinuosités du relief péninsulaire, découpe le littoral en une série de baies qui se succèdent avec une sorte de rythme; presque toutes se développent en arcs de cercle réguliers d'un cap à l'autre cap. Au nord de la presqu'île, elles n'échancrent que faiblement les terres; au sud, elles s'avancent au loin dans les campagnes et s'arrondissent en véritables golfes.

Cependant l'Italie,

. . . . . il bel paese
Che Apennin parte e il mar circonda e Alpe,

séparée du reste de l'Europe par l'énorme barrière des Alpes, et, à première vue, si bien délimitée par la nature, n'a pas de frontières naturelles.

A l'ouest seulement, le rempart montagneux étant assez abrupt, la frontière a été tracée, en général, sur la ligne de partage des eaux, excepté dans les Alpes maritimes, où elle laisse à l'Italie les têtes des vallées du versant français.

Au nord, au contraire, les vallées supérieures de la plupart des cours d'eau tributaires du Pô et de l'Adriatique ne lui appartiennent pas. Le canton suisse du

Tessin et le Tirol autrichien avancent en pointe dans la Lombardie; au nord-est, l'Autriche est restée maîtresse de tous les débouchés des montagnes.

L'Italie unifiée ne cesse de réclamer ce qu'elle prétend être ses frontières naturelles. Si ce vœu pouvait être réalisé, on aurait quelque peine à tracer les limites.

Du côté de la France, elle revendiquerait Nice; mais c'est à la Turbie, à l'est de Nice, que, depuis l'antiquité, a été placée la séparation entre la Gaule et l'Italie, et, d'ailleurs, le fossé de la Roya est une limite plus normale que la ligne de faîte tortueuse d'un chaînon côtier des Alpes.

Dans le Tirol, la vallée supérieure de l'Adige, habitée par des populations de race et de langue germaniques, est très intimement liée, depuis des siècles, à la monarchie des Habsbourg.

Le Trentin, ou bas Tirol, est de langue italienne; ses sympathies l'attireraient peut-être vers l'Italie, mais ses intérêts sont différents.

Dans tous les cas, le partage du Tirol, suivant la langue, serait singulièrement difficile, et, d'année en année, la limite varierait, parce que les Italiens gagnent du terrain vers le nord de l'Adige, de même qu'ils épanchent sur le versant français des Alpes, sur les côtes françaises de la Méditerranée, en Algérie et en Tunisie, le trop-plein d'une population que l'Italie ne peut nourrir[1].

En admettant même que cette question ne soit traitée qu'au point de vue géographique, où pour-

[1] La population de l'Italie s'élève à 30 millions 1/2 d'habitants. L'excédent des naissances est annuellement de 300,000 environ (1/100) par an.

rait-on placer logiquement la borne de démarcation dans le Pusterthal, vallée longitudinale, où l'on ne peut distinguer un versant italien d'un versant allemand, bien que, d'un côté, les eaux coulent vers l'Adige par le Rienz, et, de l'autre, vers la Drave?

Enfin, au nord-est, aucune limite précise n'est définissable; Trieste, l'objectif des ardentes réclamations de l'*Italia irredenta*, s'est, depuis le XIVe siècle (1352), donnée librement à l'Autriche pour échapper à la tyrannie de Venise; actuellement, c'est une ville de commerce cosmopolite dont les faubourgs sont slaves et dont la population, formée du mélange de vingt nationalités diverses, n'a aucune affinité réelle avec l'Italie.

En fait, l'Italie n'a pas et ne saurait avoir de frontières naturelles; ses limites continentales ne seront, comme pour tous les États d'ailleurs, que des lignes de convention que le sort des guerres fera plus ou moins varier.

Aujourd'hui que les forces de la nation italienne sont unifiées, l'Italie est appelée par sa position géographique à jouer un rôle important dans l'avenir du monde. En effet, la péninsule italique partage la Méditerranée en deux bassins dont elle commande les communications. Elle est sur la grande route du commerce maritime entre le Levant et l'Europe occidentale, tandis que, par sa frontière terrestre, elle participe à la vie économique et sociale de la France, de l'Allemagne, de l'Autriche, et son épée est devenue assez lourde pour qu'on en tienne désormais compte dans la balance des forces militaires des États de l'Europe.

D'un autre côté, le grand développement des ses frontières maritimes (6,800 kil. environ) et terrestres (plus de 1,000 kil.) rend l'Italie très vulnérable. Livrée à elle seule, elle ne saurait résister aux attaques de l'un de ses puissants voisins. Les Alpes n'ont jamais arrêté une invasion; la défense y est trop divisée et l'avantage reste la plupart du temps à l'attaque. A toutes les époques, les Alpes ont été traversées : par les Cimbres et les Teutons, par les Gaulois, par les armées d'Annibal. Dans les temps modernes, on peut dire que toutes les guerres ont été marquées par une entrée des Français ou des Autrichiens en Italie.

L'Italie se partage naturellement en :

Italie du nord ou Italie supérieure [1], entre les Alpes et les Apennins, limitée au sud par une ligne tirée de Spezia sur la Méditerranée à Rimini sur l'Adriatique;

Italie péninsulaire, que l'on distingue en **Italie centrale** jusqu'à une ligne tirée des bouches du Garigliano à celles du Sangro, et **Italie méridionale**.

Dans l'antiquité, l'Italie du nord formait la Gaule cisalpine, habitée par des peuples de race gauloise; l'Italie centrale comprenait l'Étrurie et le Latium; l'Italie méridionale et la Sicile étaient connues sous le nom de Grande-Grèce, parce qu'elles avaient été peuplées par des colonies grecques. Jusqu'à nos jours, les divisions politiques de l'Italie ont toujours assez exactement correspondu à ces divisions naturelles :

[1] Les Italiens disent aussi : *Alta Italia*, haute Italie ; c'est cependant la partie de l'Italie dont l'altitude est la plus basse ; c'est pourquoi nous préférons l'expression d'Italie supérieure, qui est employée par l'état-major italien.

au nord, le Piémont, la Lombardie, et la Vénétie ;
au centre, le duché de Toscane et les États de l'Eglise ;
au sud, le royaume des Deux-Siciles.

Le royaume d'Italie actuel est divisé en 69 provinces analogues aux départements français ; ces provinces se groupent en 16 régions naturelles (*compartimenti*) qui sont :

Dans la haute Italie : Piémont, Ligurie, Lombardie, Vénétie, Émilie.

Dans l'Italie centrale : Toscane, Marches, Ombrie, Rome, Abruzzes et Molise.

Dans l'Italie méridionale : Campanie, Pouilles, Basilicate, Calabres.

La Sicile et la Sardaigne.

Les circonstances politiques qui ont amené l'unification de l'Italie n'ont pas fait disparaître les divergences considérables qui existent entre les populations de ces régions fort différentes les unes des autres. La grande longueur de l'Italie, disproportionnée avec sa largeur, est une des causes de sa faiblesse ; elle explique les morcellements dont ce pays a été jusqu'à présent l'objet. L'Italie n'a pas de centre de gravité. Son unification n'est devenue possible que du jour où l'emploi de la vapeur, diminuant les distances par les voies de terre comme par les voies maritimes, a permis le rapprochement et facilité la fusion entre les populations qui l'habitent.

L'Italie péninsulaire longue et étroite, très montagneuse, fertile seulement dans quelques conques favorisées, mais, le plus généralement, âpre et stérile, dépourvue de rivières, manquant de communications faciles, est habitée par une population dont la culture est encore arriérée.

L'Italie supérieure, ou Italie continentale, est, au contraire, un pays riche, abondamment arrosé par les rivières qui descendent de son superbe amphithéâtre de montagnes. Son sol est le plus fertile de l'Europe ; sa population est le tiers de la population totale de l'Italie. Elle confine aux trois grands bassins du Rhône, du Rhin, et du Danube; elle est donc destinée à jouer un rôle prépondérant, au point de vue politique et militaire, sur l'Italie entière.

Cependant l'Italie unifiée n'a pas cherché sa capitale dans une des belles villes de ses provinces du nord ; c'est que toutes n'eussent été qu'une capitale provinciale. **Rome** s'imposait par la magie de son nom, par la grandeur de ses souvenirs ; seule elle symbolisait l'unité italienne. C'est aujourd'hui encore, pour l'Italie comme pour le reste du monde, la ville par excellence : *Urbs Roma.*

ITALIE SUPÉRIEURE.

Au point de vue militaire, comme au point de vue économique, l'Italie du nord se distingue en :

région nord-ouest correspondant à la frontière française, c'est-à-dire le Piémont ;

région nord-est correspondant à la frontière autrichienne, c'est-à-dire Lombardie et Vénétie ;

région entre le Pô et les Apennins, ou *Émilie ;*

région maritime ou *Ligurie.*

Les Alpes ne présentent, avons-nous dit, aucune crête maîtresse continue qui puisse être indiquée comme frontière naturelle. Les peuples ne se disputent pas leurs régions élevées, où ne se trouvent que des glaciers et des rochers stériles; mais ils entrent en contact et en lutte dans les vallées qui en séparent les massifs. Les habitants des vallées supérieures ont toujours une tendance à descendre vers les plaines plus riches, tandis que les gens des plaines ont moins d'intérêt, et plus de peine, à remonter les vallées; c'est pourquoi, de nos jours encore, les frontières de la Suisse et de l'Autriche sont tracées sur les versants italiens et dessinent deux coins qui pénètrent profondément sur les terres italiennes par la vallée du Tessin et par celle de l'Adige.

Du côté de la France, la frontière franco-italienne[1] suit à peu près la ligne de partage des eaux des Alpes, depuis le mont Dolent, dans le massif du mont Blanc, jusqu'aux sources de la Tinée; à partir de ce point, la frontière laisse à l'Italie les sources supérieures des torrents affluents de gauche de la Tinée et les sources de la Vésubie, affluent du Var; elle laisse également à l'Italie les sources et la partie inférieure de la Roya, donnant à la France le cours moyen de cette rivière et la position de Saorge[2].

En général, du côté de l'Italie, le versant est rapide; du côté de la France, au contraire, les pentes sont plus douces, mais les vallées sont plus enchevêtrées et souvent divergentes.

[1] Pour les détails de la frontière franco-italienne, voir : *Géographie militaire — France*, dernière édition.

[2] Le tracé de la frontière dans la région alpestre a été adopté en 1860, lors de la cession d'une partie du comté de Nice à la France, par égard pour le roi Victor-Emmanuel qui avait l'habitude de chasser le chamois dans cette partie des Alpes; en ce qui concerne la frontière de la Roya, la France s'est également rendue aux désirs exprimés par l'Italie.

Les Alpès.

La description générale des Grandes Alpes est donnée plus haut. Celle des Alpes occidentales a été faite dans l'étude de la France; nous nous bornons à en résumer ici les traits principaux :

Au point de vue de la physionomie générale des montagnes et de leur viabilité, l'ancienne division des Alpes franco-italiennes en Alpes graies [1], Alpes cottiennes, Alpes maritimes, et Alpes liguriennes, est très logique.

Les **Alpes Graies,** *depuis le mont Blanc jusqu'au col du Mont-Cenis,* sont très difficiles; on y trouve peu de passages; une seule route carrossable, celle du Petit Saint-Bernard, les traverse à l'altitude de 2,192 mètres. Elles ont de gigantesques glaciers dans les massifs du mont Blanc, du Grand Paradis, et de la Vanoise; aucune vallée ne les pénètre profondément; aucune grande rivière n'en descend.

Les **Alpes Cottiennes** [2], *depuis le col du Mont-Cenis jusqu'à la route de Larche,* sont, au contraire, percées d'un nombre considérable de chemins, qui correspondent d'une part aux torrents tributaires de la Durance, d'autre part aux affluents du Pô.

Ici, point de massifs épais. Une seule cime remarquable, le **Viso** (3,845^{m}), mais des crêtes échancrées, des vallées qui se ramifient en nombreuses ravines.

[1] *Graies,* d'une racine celtique qui signifie rochers abrupts.

[2] *Cottius,* qui a donné son nom aux Alpes Cottiennes, était un préfet des Allobroges qui, au temps d'Auguste, était chargé de la surveillance et de l'entretien des passages des Alpes occidentales. C'est dans les Alpes Cottiennes que se trouvent le plus grand nombre de passages.

On passe partout, et c'est par là, en effet, que sont établies les communications ordinaires entre la France et l'Italie ; c'est là qu'a été trouvé le seuil le plus favorable pour la percée du premier chemin de fer transalpin (tunnel à 1338m), et, à quelques lieues plus au sud, le col de l'**Échelle** (1790m) offre la dépression la plus basse de la chaîne ; si une méfiance réciproque n'y faisait obstacle, une deuxième voie ferrée serait certainement ouverte, et relativement à peu de frais, pour mettre Turin en relation directe avec Marseille.

C'est par les Alpes Cottiennes que sont passés les Gaulois, les Carthaginois, les armées de Charlemagne, de Charles VIII, de François Ier, de Louis XIII. Il n'y avait pourtant pas de chemins carrossables, et, en 1515 déjà, François Ier conduisait, par les cols de Larche et d'Agnello, un parc de 72 canons.

Actuellement, les routes superbes du Mont-Cenis, du Mont-Genèvre, de Larche, sont praticables en tout temps ; Français et Italiens les ont barrées par des fortifications, mais bien d'autres chemins muletiers, peu connus, pourraient être également suivis.

Toutefois, il faut observer que l'ouverture des grandes chaussées carrossables a eu pour conséquence de faire délaisser les chemins muletiers, et que la viabilité de détail est moins bonne aujourd'hui qu'au XVIIIe siècle. De même, la construction des chemins de fer diminue le transit sur les routes et l'on prend moins de soins pour leur entretien.

Nous avons déjà fait remarquer [1] que les masses alpestres principales de cette région, c'est-à-dire les massifs du Pelvoux (ou Oisans), qui constituent l'obs-

[1] Pour la description de cette frontière, se reporter au tome Ier, *France*.

tacle le plus considérable entre la France et l'Italie, ne marquent pas la ligne de partage des eaux, et se trouvent sur la rive droite de la Durance.

Les **Alpes Maritimes**, *depuis la route de Larche jusqu'à celle de Tende* (1873m), sont des montagnes sauvages, difficiles et sans ressources, ravinées par les eaux, mais sans glaciers. La crête et les têtes des vallées du versant français appartiennent à l'Italie, qui ne saurait en tirer grand avantage, car les chemins, qui en descendent, n'ont aucun dégagement, et sont barrés par des *clus* si étroits que souvent le passage a dû être ouvert dans le roc.

Les chaînons secondaires entre Vésubie et Var, entre Var et Verdon, ont la même âpreté que la chaîne frontière.

Les **Alpes Liguriennes** *depuis le col de Tende jusqu'au col de Cadibone* ont également le caractère des hautes montagnes; le col de Cadibone ou d'Altare, qui en marque la limite à l'est, n'a que 500 mètres d'altitude. C'est le passage le plus bas de la crête; on peut le considérer comme le point de soudure entre les Alpes et les Apennins.

Le massif des Alpes Liguriennes se compose de deux arêtes parallèles, entre lesquelles est comprise la haute vallée du Tanaro.

La plus rapprochée de la mer a pour bornes extrêmes : à l'ouest, le mont **Saccarello** et le mont **Fronte** (2146m), situés aux sources de la Roya, de la Taggia, de l'Arrosia et du Tanarello; à l'est, le mont **Settepani** (1392m), aux sources de la Bormida. Ses contreforts serrent la côte de très près; le pied en est longé par la voie ferrée et par la route de la Corniche.

Cette arête est traversée par plusieurs routes qui mettent en relation les ports de la côte avec le haut Tanaro. Ce sont :

la route du col de la **Nava**, entre Oneglia et Ormea (Tanaro); elle traverse la vallée de l'Arrosia à Pieve ;

la route du col de **San Bernardo**, entre Albenga et Garessio (Tanaro);

la route du col de **Melogno**, entre Finale et Millesimo par les sources de la Bormida ;

la route du col de **Cadibone** ou d'**Altare**, entre Savone, Carcare, Millesimo, et Ceva (Tanaro).

Chacune de ces routes est défendue par des fortifications.

La deuxième arête, que l'on peut désigner sous le nom de chaîne du mont **Gioje**, un de ses sommets principaux situé aux sources du Tanaro, borde la rive gauche du Tanaro et donne naissance, sur son versant nord, à une série de cours d'eau, dont les principaux sont la Corsaglia, l'Ellero, et le Pesio, qui coulent du sud au nord et ouvrent dans ce sens de bonnes communications, tandis que les hauteurs qui encaissent leurs vallées offrent de bonnes positions défensives perpendiculairement à la route de Savone à Mondovi.

Un des torrents supérieurs du Tanaro, le Tanarello, ouvre une importante communication avec la haute Roya par la vallée de Briga qui aboutit à San Dalmazzo.

Les Apennins.

On donne le nom général d'**Apennins** à toute les montagnes de la péninsule italique ; on donne le nom d'**Apennins Liguriens** à la partie comprise entre le col d'Altare (ou Cadibone) et les sources de la Trebbia (col de la Scoffera) ; **Apennins Toscans** à la partie comprise entre les sources de la Trebbia et celles du Tibre. Les Apennins liguriens et toscans bordent au sud la plaine de l'Émilie.

L'Apennin Ligurien, dans la partie comprise entre les chemins de fer d'Alexandrie à Savone et d'Alexandrie à Gênes, ne se compose que de montagnes basses, très creusées par les rivières tributaires de la Bormida qui ouvrent de nombreuses communications entre la plaine d'Alexandrie et la Rivière de Gênes. Le sommet le plus important est le mont **Ermetta** au nord de Savone. Les principales routes sont celles :

d'Albissola à Acqui par le col des **Giove** et Sassello ;

de Voltri à Alexandrie par le col **di Masone**, Campofreddo, et Ovada ;

de Gênes à Alexandrie par la vallée de la Polcevera, le col de la **Bocchetta** (altitude, 750^{m}), la vallée du Lemo, Gavi, et Novi.

de Gênes à Alexandrie par le col de **Giovi** ; elle se détache de la précédente à Puntodecimo, suit la haute vallée de la Scrivia, le défilé de Serravalle et débouche en plaine à Novi (route et chemin de fer : altitude de la route, 480^{m} ; altitude du tunnel, 370^{m} ; longueur, 3,254^{m}).

Toutes ces routes manquent de bonnes communications transversales entre elles.

Le col de Giovi est défendu par deux ouvrages. Des fortifications sont projetées au col di Masone.

A l'est de la Scrivia, l'Apennin s'épanouit en montagnes confuses, composées de crêtes étroites divergentes, dont les nœuds principaux sont le mont **Antola** (1597^{m}) près des sources de la Trebbia et de la Staffora, et le mont **Penna** (1735^{m}) près des sources du Ceno et du Taro. Ces montagnes sont très difficiles, offrent peu de ressources et les routes y sont rares. Elles forment, entre la plaine d'Alexandrie et Plaisance, un obstacle très sérieux.

Les vallées toujours étroites se transforment souvent en précipices et n'ouvrent aucun chemin. L'imperméabilité du sol et la grande déclivité des pentes activent l'écoulement des eaux de pluie, et, comme leur faible altitude ne comporte pas l'existence de glaciers, ces montagnes sont privées d'eau et l'on ne saurait y maintenir longtemps une troupe nombreuse. Elles ne laissent entre elles et le Pô qu'un étroit défilé par lequel passent la route et le chemin de fer d'Alexandrie à Plaisance, et qu'il serait facile de barrer à Stradella.

La route de Gênes à Plaisance par le col de la **Scoffera**, Torriglia, Montebruno, et Bobbio, a donc une grande importance, puisque c'est la seule communication par laquelle on puisse établir une liaison entre Plaisance et la Rivière de Gênes. Bobbio est le centre stratégique de cette épaisse masse couvrante. Du col de la Scoffera, on commande les sources de la Scrivia, de la Trebbia, du Bisagno, et du Lavagno.

Une route récente réunit Bobbio à Varzi sur la Staffora par le col du mont **Penice**.

Plus à l'est, on trouve une route charretière de Chiavari par le col des **Cent-Croix** à Borgotaro, et de là par Bardi, où existait un ancien fort, à Fiorenzuola.

Une bonne route, qui conduit de Spezia à Parme par Pontremoli et le col de la **Cisa**, sera bientôt doublée par un chemin de fer; c'est la communication la plus fréquentée entre l'Émilie et la côte ligurienne. Elle limite à l'est les massifs de l'Apennin ligurien.

Les Apennins sont, en général, couverts d'arbres peu élevés et peu touffus. De nombreux hameaux sont disséminés dans ces montagnes, il en résulte qu'en dehors des routes, on trouve une quantité de chemins praticables aux mulets.

Les collines du **Montferrat** prolongent les montagnes de Ligurie au nord de Dego et de Mondovi; elles s'épanouissent jusqu'au Pô entre Alexandrie, Casal, et Turin, et obligent le fleuve à décrire au nord un grand arc de cercle de Turin à Valence. Elles ont un caractère tout particulier. Formées presque exclusivement d'argile rouge dans la partie septentrionale, d'argile blanche et plus compacte dans la portion voisine des Apennins, elles ont été profondément affouillées par les torrents descendus de ces montagnes, et présentent parfois, au-dessus des vallées, des escarpements d'une rapidité extrême. La nature limoneuse du sol créerait, en temps de pluie, de grands obstacles à la marche des troupes et surtout des convois; les gués sont mauvais et la défense trouverait nombre de positions excellentes et difficiles à aborder. Le pays est riche; les collines, aux crêtes arrondies, sont cultivées jusqu'au sommet que couronne ordinairement quelque village ou un sanctuaire à la Madone. Asti, dans une petite plaine, au centre du Montferrat, est entouré de vignobles renommés; de nombreuses routes et plusieurs chemins de fer s'y croisent.

On donne à ces mouvements de terrain le nom de **Langhe**; ils augmentent en largeur et en élévation en se rapprochant des Alpes de Ligurie, auxquelles ils se rattachent sans qu'il soit facile d'en déterminer la limite exacte.

Entre les contreforts des Alpes et les collines du Montferrat, se développe une plaine plus longue que large, sorte de couloir au centre duquel est Turin. C'est le Piémont proprement dit, et le premier terrain de bataille où l'armée italienne concentrée puisse manœuvrer pour arrêter les colonnes assaillantes au débouché des vallées.

Apennins toscans. — Le rempart de l'Apennin toscan est continu d'une mer à l'autre, de Gênes à Rimini, mais il est de hauteurs fort inégales et coupé de brèches par lesquelles passent les routes carrossables. Le versant nord est très exactement limité par l'ancienne *voie Émilienne*, tracée en ligne droite de Plaisance à Rimini, et par le chemin de fer Plaisance, Parme, Reggio, Modène, Bologne, Imola, Faënza, Forli, Cesena, Rimini, qui lui est parallèle. De ce côté, la chaîne s'abaisse en longs contreforts que séparent les profondes et étroites vallées des affluents torrentueux de la rive droite du Pô. Sur le versant méridional, au contraire, les montagnes s'étagent en chaînons parallèles entre lesquels sont enfermées les vallées supérieures de la Vara, de la Magra, du Serchio, de l'Ombrone florentin, de la Sieve, et de l'Arno.

Les Apennins toscans appartiennent à la formation jurassique et crétacée, dont les couches ont été relevées à l'époque du soulèvement des Pyrénées. Leurs roches calcaires ont été profondément affouillées et les vallées y sont en général escarpées. L'altitude de ces montagnes est trop faible pour que les neiges puissent s'y maintenir pendant la saison chaude, et, comme leur déclivité est très forte vers le nord, les rivières ne sont pas alimentées pendant l'été et l'on manque d'eau dans les parties élevées; il serait donc impossible d'y maintenir des troupes nombreuses. Les vallées se transforment la plupart du temps en précipices; il est fort difficile d'y descendre et d'en sortir, aussi les routes ont-elles été tracées sur les arêtes qui les séparent.

Près de la crête, au sud de Modène et de Bologne, à Barigazzo, Porretta, Pietra Mala, des jets de gaz hydrogène inflammable et des sources thermales indiquent la permanence de l'action des forces intérieures; parallèlement à cette ligne, mais beaucoup plus bas, aux abords mêmes de la plaine de l'Émilie, une autre fissure du sol se révèle par une ligne de volcans boueux ou *Salses;* près de Parme, se trouve une source de pétrole.

Les chaînons parallèles du versant méridional constituent une série de massifs allongés que l'on pourrait désigner sous le nom général d'**Anti-Apennins.**

Les cimes notables de la crête principale sont, en allant de l'ouest à l'est :

le mont **Antola** (1597^{m}), au nord de Gênes et au nœud de l'épanouissement qui va serrer le Pô à Stradella;

le mont **Penna** (1735^{m}), aux sources du Taro et de la Trebbia;

les Alpes de **Succiso** (2,080^{m}), qui dominent à l'ouest le col du Cerretto (1400^{m});

les Alpes de la **Garfagnana** et le mont **Rondinaïa**, au nord du Serchio;

le mont **Cimone** (2,184^{m}), entre les sources du Panaro et celles du Reno;

le mont **Falterona** (1650^{m}), aux sources de l'Arno; le mont **Comero** (1207^{m}), aux sources du Tibre.

le chaînon des Alpes de **Catenaja** court du nord au sud, entre l'Arno et le Tibre.

Les massifs subapennins sont, au sud :

les montagnes de **Lunigiana**, entre la Vara et la Magra, en face des Alpes de Succiso;

les Alpes **Apuanes** ou de Massa Carrara, sur la rive droite du Serchio ; elles sont symétriques du massif de la Garfagnana et abaissent jusqu'à la côte leurs célèbres carrières de marbre blanc ; elles se prolongent entre le Serchio et l'Arno par le petit îlot des monts **Pisans** ;

les monts **Catina** et le mont **Albano** en face la cime du Cimone, au sud de Pistoïa et de Prato ;

le mont **Mugello** au sud de la Sieve ;

le **Prato Magno** entre le cours supérieur et le cours moyen de l'Arno, dont les beautés pittoresques ont si souvent inspiré les poètes.

La Toscane s'étend au pied méridional des Apennins ; la douceur et l'égalité de son climat, la fertilité du sol, l'intelligence de ses habitants, en ont fait la contrée privilégiée de l'Italie.

Le Pô.

Le Pô sort du mont Viso au col de Traversette, passe près de Saluces, où il se dégage des montagnes, coule en plaine, passe près de Carmagnola, à Carignan, Moncalieri, Turin, Chivasso (d'où part le **canal Cavour**, qui finit sur le Tessin, près de Turbigo) ; Casale, anciennes fortifications formant tête de pont sur la rive gauche; Valenza, à quelque distance (r. d.). Entre Moncalieri et Valenza, le Pô longe le pied des collines du Montferrat. Il passe ensuite près de Bassignana, et coule directement à l'est par Mezzanacorte, Plaisance, Crémone.

A Turin, le Pô a 160 mètres de large ; à Casale, 200^{m} ; après avoir reçu le Tessin, il a 470^{m} ; après l'Adda, 910^{m} ; il s'élargit encore, sauf à Casalmaggiore où il n'a que 480^{m} et où il est parfois guéable.

Il y a des ponts entre Carignan et Carmagnola, à Moncalieri (chemin de fer), à Turin, à Chivasso, à Casale (route et chemin de fer), à Valenza (route et chemin de fer), à Mezzanacorte (chemin de fer), à Plaisance (route et chemin de fer).

A Guastalla, le Pô a 1326^{m} ; puis les saignées pratiquées par les canaux d'irrigation et par les dérivations naturelles, le restreignent à 300^{m} près de Borgoforte et à 240^{m} à Ponte

Lagoscuro. Ces chiffres n'ont d'ailleurs rien d'absolu, la largeur du fleuve dépendant du volume de ses eaux et, par conséquent, des pluies, de la fonte des neiges, du drainage artificiel des champs, et de l'importance variable des irrigations.

On trouve des ponts de bateaux à Casalmaggiore et à Brescello (en amont de Guastalla), des ponts fixes pour le chemin de fer à Borgoforte et à Ponte Lagoscuro.

Entre ces deux derniers points, commencent déjà les dérivations du Delta. La branche principale, le **Pô della Maëstra**, continue la direction de l'ouest à l'est, passe à Ponte Lagoscuro et Polesella, et se ramifie elle-même en plusieurs bras.

La branche du **Pô di Primaro**, qui est la plus méridionale, passe à Ferrare, et les apports limoneux ont été si considérables que les eaux du fleuve coulent aujourd'hui, entre digues, à la hauteur du toit des maisons.

A Ferrare, se détache, au nord, la branche du **Pô di Volano**. Entre celle-ci et la précédente sont comprises les lagunes de **Comacchio**.

Affluents de gauche.

Les affluents de gauche du Pô ont les caractères généraux des cours d'eau descendant des hautes montagnes et alimentés par des glaciers. Ils sont sujets à des crues de printemps et d'été, qui influent sur le régime du fleuve lui-même; mais les lacs, que les plus importants d'entre eux traversent avant d'arriver dans la plaine, jouent le rôle de régulateurs, et atténuent les violences des crues.

Le **Pelice** descend du col Lacroix et débouche en plaine à Luserna. Il reçoit (r. g.) : le **Chisone** (ou Clusone), qui passe au pied des forts de Fenestrelle, à Perosa, et près de Pignerol; sa vallée supérieure, vallée de Pragelas, ouvre la route de Briançon par le col de Sestrières et Césane. A Perosa, le Chisone reçoit (r. d.) la **Germanasca**, qui descend du col d'Abriès. La Germanasca et le Chisone sont séparés par le massif du mont **Albergian**.

Ce sont les vallées de ces rivières que l'on appelle les *val-*

lées vaudoises; elles sont habitées par des protestants, dont les ancêtres furent cruellement persécutés prr ordre de Louis XIV, et dispersés par Catinat; au nombre de 2,600, dernier débris d'une population de 15,000 individus, les Vaudois se réfugièrent à cette époque en Suisse et en Allemagne. Depuis, leurs descendants sont en partie revenus dans leur pays d'origine. Leur nombre est aujourd'hui de 17,000 environ. C'est en 1848 seulement que le Statut piémontais leur a reconnu les droits de citoyens.

Ils parlent français, mais ont conservé un souvenir amer des persécutions de la France. Ils sont très pauvres.

La **Dora riparia** ouvre le col du Mont-Genèvre et passe à Césane; à Oulx, elle reçoit (r. g.) le ruisseau de Bardonnèche, qui descend du mont Thabor. A Bardonnèche débouche le tunnel du chemin de fer international; c'est là qu'arrivent également le chemin du col de l'Échelle par lequel on a projeté de faire passer un chemin de fer qui se raccorderait à la ligne de Briançon, et le chemin du col de la Roue, qui conduit dans la vallée de l'Arc, à Modane. Cette vallée a donc une grande importance militaire.

La haute vallée de la Dora est défendue par les forts d'Exilles. A Suse vient aboutir la route du Mont-Cenis. Près d'Avigliana, la Dora se dégage des montagnes. Elle finit dans le Pô près de Turin.

Entre le Chisone et la Dora, entre Fenestrelle et Exilles, se trouve l'importante position de l'**Assietta** (combats de 1747), dont l'occupation intéresse la défense des deux routes qui aboutissent au Mont-Genèvre. Le **Sangone**, affluent du Pô, descend de ce massif. Sa vallée supérieure, dont le centre est Giaveno, forme un camp retranché naturel et comme le réduit de la défense de cette section de la frontière.

La rive gauche de la Dora riparia est dominée par un contrefort escarpé qui s'attache sur la ligne de faite à la **Roccia Melone**.

La **Stura** et l'**Orco** n'ont qu'une importance secondaire, car ils n'ouvrent pas de passages praticables.

La **Dora baltea** est formée par deux bras qui entourent le mont Blanc et ouvrent les deux cols du Petit-Saint-Bernard (bonne route carrossable), et du Grand-Saint-Bernard (muletière pendant quelques kilom. encore); ces deux rivières se réunissent à Aoste; la Dora passe ensuite à Châtillon, au pied du fort de Bard qui ferme complètement la vallée, et à Ivrée; elle finit entre Chivasso et Crescentino.

La **Sesia** descend des glaciers du mont Rose et n'ouvre pas de route vers la Suisse; elle passe à Varallo, se dégage des montagnes à Romagnano, passe près de Verceil (r. d.), laisse à gauche Palestro, où les Autrichiens voulurent défendre le passage de la rivière en 1859, et finit en aval de Casale. Elle est grossie sur la droite du **Cervo** (Biella).

L'**Agogna**, peu importante court, parallèlement à la Sesia, passe près de Novare et à quelque distance de Mortara (r. g.) (nœud de chemins de fer).

Le **Tessin** (Ticino) descend du col de Nufenen. Ses sources communiquent avec celles de son affluent, le Toce, par le col de San Giacomo. Dans sa vallée supérieure, ou val Leventina, viennent déboucher : à Airolo, la route du Saint-Gothard et le tunnel du chemin de fer; à Poleggio, la route du col de Lukmanier et le chemin du col de la Greina qui se réunissent à Olivone dans le val di Blegno; à Bellinzona, la route du San Bernardino qui descend par le val Misocco.

Le Tessin traverse le **lac Majeur** (lac Verbano), sur les bords duquel sont (r. d.) : Locarno, Pallanza, Arona, et (r. g.) Luino. Le Tessin sort du lac à Sesto Calende. Près de Turbigo, s'embranche (r. g.) le **Naviglio Grande**, grand canal de navigation qui court d'abord parallèlement au Tessin, par Buffalora et Magenta, et qui, à Abbiategrasso, se bifurque d'une part sur Milan, de l'autre sur Pavie. Un peu plus en aval (r. d.) s'embranche le **canal Cavour**.

Le Tessin passe à Vigevano et Pavie, ancienne place forte, déclassée, nœud des chemins de fer de Milan, d'Alexandrie, et de Crémone.

A Locarno, tombe dans le lac Majeur, le **Maggia**; il descend du Grieshorn qui est également à la tête des vallées du Tessin et du Toce.

Dans le lac Majeur, près de Pallanza, finit le **Toce** (Domo d'Ossola). Sa vallée, suivie par la route du Simplon, communique en outre avec la vallée du Rhône par le col de Gries, avec celle du Tessin par le col de San Giacomo. Domo d'Ossola est au point de jonction de ces routes et de celle qui conduit à Locarno, sur le lac Majeur ; c'est une position centrale importante.

Le Toce reçoit (r. d.) la **Strona**, qui amène les eaux du lac d'**Orta**.

Le lac Majeur reçoit encore (r. g.) la **Tresa**, déversoir du lac de **Lugano**.

Le Tessin marque la séparation entre le Piémont et la Lombardie. Le sol de la Lombardie, formé d'alluvions profondes et abondamment arrosé, est une des plaines les plus fertiles du monde ; elle est encadrée par un merveilleux amphithéâtre de montagnes et de glaciers dont les eaux sont retenues par les grands réservoirs naturels des lacs Majeur, de Lugano, de Côme, de Garde, etc.

Entre le Tessin et l'Adda coulent plusieurs cours d'eau secondaires :

Le **Lambro**, qui prend naissance entre les deux branches méridionales du lac de Côme, passe à Monza, à peu de distance de Milan, et à Melegnano (Marignan). Dans sa partie inférieure, cette rivière forme un obstacle d'une certaine valeur, particulièrement pour protéger la retraite d'une armée qui se retire du Tessin sur l'Adda. Des combats furent livrés à Melegnano en 1515, en 1848, et en 1859.

L'**Olona**, qui est la rivière de Milan, est réunie au Lambro par des dérivations ; elle descend des collines de moraines qui enveloppent, au sud, le lac de **Varese** et le lac de Lugano.

De nombreux ruisseaux sillonnent les plaines au sud de Milan.

L'**Adda**, dont les sources ouvrent le col du Stelvio, coule de l'est à l'ouest dans la **Valteline** ; les localités notables de sa vallée sont : Bormio, Tirano, où elle reçoit (r. d.) le **Poschia-**

vino (route du Bernina); à quelque distance en aval, vient aboutir (r. g.) la route de l'**Aprica**; Sondrio, au débouché du val Malenco (r. d.) et d'un chemin qui conduit (r. g.) dans le val Seriana; Morbegno, point de départ (r. g.) du chemin du col de San Marco.

L'Adda débouche dans la plaine de Colico en passant au pied d'un mamelon isolé sur lequel le général espagnol Fuentès a fait construire, en 1630, le fort **Fuentès** aujourd'hui abandonné, et qui commandait ainsi le nœud des routes du Splügen, de la Maloïa, et de la Valteline.

L'Adda tombe dans le lac de **Côme** (ou lac Lario). Celui-ci a déjà reçu, au nord, par le petit lac de **Mezzola**, les eaux de la **Maira**, dont la vallée, val Bregaglia, conduit à Casaccia point de jonction des routes de la Maloïa et du Septimer. A Chiavenna, la Maira reçoit le **Liro**, qui vient du col du Splügen.

Le lac de Côme est resserré entre de hautes montagnes. Sur sa rive droite, Gravedone, point d'arrivée du chemin muletier de Bellinzona et Menaggio d'où part une route carrossable qui conduit à Porlezza sur le lac de Lugano; de Lugano, une bonne route conduit à Luino sur le lac Majeur, et ouvre ainsi une communication importante entre le Simplon et la Maloïa..

Au promontoire de Bellaggio, le lac se partage en deux bras, à l'extrémité desquels sont Côme et Lecco. La route qui longe la rive gauche suit un étroit défilé de 30 kil., dont les ouvrages d'art sont minés. Au sud de Lecco, l'Adda formait par son expansion le lac de **Brivio**, aujourd'hui desséché.

On donne le nom de **Brianza** au pays compris entre les deux branches du lac de Côme. C'est le jardin de la Lombardie; formé par des terres de colmatage, il est encore parsemé de plusieurs lacs et couvert de villages et de belles fermes.

Depuis Lecco jusqu'à son confluent avec le Pô, l'Adda dessine une ligne perpendiculaire au Pô et constitue un obstacle, mais cette ligne est trop étendue pour pouvoir être facilement défendue. En 1799, l'armée française l'occupait, faisant face à l'est; elle fut percée par son centre à Cassano et dut se retirer sur la rive droite du Pô, vers Alexandrie, sans s'arrêter sur le Tessin. Le Tessin et l'Adda sont en effet trop rapprochés pour être successivement occupés. En 1859, les Autrichiens, battus près du Tessin, à Magenta, se replièrent de même jusqu'au Mincio, sans s'arrêter sur la ligne de l'Adda.

Les gués de l'Adda sont rares; les points principaux de son cours inférieur sont Cassano, Lodi, Pizzighettone. D'anciennes fortifications forment double tête de pont à Pizzghettone et à Crotta d'Adda; elles renforcent ainsi la partie inférieure de la rivière et se relient au système défensif dont Plaisance est le noyau.

L'Adda reçoit (r. g.) le **Brembo** et le **Serio**, torrents sans valeur qui descendent des Alpes du Bergamasque.

Le val Brembana est remonté par la route du col de San-Marco qui conduit à Morbegno; le val Seriana par un chemin qui débouche à Sondrio.

Au pied des montagnes, entre ces deux rivières, est Bergame.

L'**Oglio** ouvre le col du Tonale, qui conduit du Tirol dans le Milanais. Sa vallée supérieure (val Camonica) communique par le Tonale avec la vallée de l'Adige (val di Sole), et par l'Aprica avec celle de l'Adda (Valteline). L'épais massif de l'Adamello l'isole complètement du Chiese. L'Oglio passe à Edolo, Breno, traverse le lac d'Iseo. Il formerait un obstacle important contre une offensive venant de l'ouest, si sa direction n'était pas trop oblique sur le Pô pour qu'il pût être facilement utilisé. Il finit en amont de Borgoforte, après avoir reçu (r. g.) le Mella (val Trompia) et le Chiese.

Le **Chiese** descend des glaciers du mont Adamello et débouche dans la vallée des Giudicarie ou Judicarien, qui est défendue un peu plus haut par les forts tiroliens de Lardaro. On donne le nom de Judicarien à un grand couloir qui réunit les vallées du Chiese et du Sarca. Le Chiese passe près de Storo (r. g.), où vient aboutir la route du val Ledro. Il entre dans le lac d'Idro à la frontière même. L'ancienne forteresse italienne de Rocca d'Anfo, près du lac d'Idro, défend cette vallée.

Lac de Garde (Benaco), 300 kil. c.; la partie supérieure appartient au Tirol autrichien.

Les points notables des rives du lac sont : (r. d.) Riva, Salo, Desenzano, Peschiera : (r. g.) Malcesine, Garda, Bardolino. Près de Malcesine se trouve un très bon ancrage pour les gros bateaux; les Scaligeri y avaient un château fort.

L'Autriche a renoncé au droit de faire naviguer des canonnières sur le lac, mais d'importantes fortifications défendent Riva et les routes voisines.

Le tributaire principal du lac est le torrent du **Sarca**; il descend des glaciers du mont Adamello, dont la vallée ouvre une communication intéressante entre la route du Tonale et celle des Giudicarie. A Tione, le Sarca entre dans le couloir des Giudicarie; il court alors de l'ouest à l'est, passe par Stenico, se replie ensuite perpendiculairement au sud et tombe dans le lac près de Riva.

Le déversoir du lac de **Garde** est le Mincio.

Le **Mincio** sort du lac à Peschiera, ville forte; il ne constitue pas un obstacle sérieux. En 1866, en effet, l'armée italienne le franchit dans cette partie de son cours sans que l'armée autrichienne cherchât à s'y opposer; mais elle trouva l'ennemi dans de bonnes positions, aux environs de Custozza, où elle fut battue.

Les positions défensives de la ligne du Mincio sont formées par les collines des deux rives de la rivière; moraines terminales d'un ancien glacier, ce sont les seuls accidents de terrain des plaines horizontales de cette partie de l'Italie; c'est pourquoi elles ont eu, dans toutes les guerres, une importance tactique très grande. Elles commandent la route de Milan à Vérone; plus au sud, les rizières et les marais rendent le passage difficile, aussi les armées s'en sont-elles toujours disputé la possession. Lonato, Castiglione, Solferino, Volta, Mozambano, sur la rive droite; Custozza, Valeggio, Somma Campagna, sur la rive gauche, sont devenus célèbres par les combats livrés dans les environs.

En s'approchant de Mantoue, le Mincio s'élargit; ses bords

deviennent impraticables ; il forme le lac artificiel de Mantoue, long de 13 kil. environ, mais sans profondeur. La place de **Mantoue** est sur la rive droite ; la citadelle et le faubourg fortifié de Saint-Georges, sur la rive gauche. La place tire une grande force des inondations du Mincio, mais son climat en est fâcheusement influencé.

De nombreux canaux dérivent du Mincio ; la **Fossa Maëstra**, qui part de l'extrémité nord du lac de Mantoue, va rejoindre la petite rivière de l'**Osone**, dont les sources sont situées dans les collines de Castiglione, et qui se prolonge jusqu'au Pô qu'elle rejoint en amont et près de Borgoforte. Le triangle compris entre le Mincio, le Pô, et ce canal, forme le **Serraglio**, région fertile, relativement salubre, sorte de camp retranché naturel ; les têtes de pont de Mantoue et de Borgoforte donneraient à une armée qui l'occuperait une grande facilité de manœuvre. D'anciens ouvrages construits par les Autrichiens renforçaient la ligne de l'Osone vers l'ouest.

Ponts permanents du Mincio : à Peschiera, Mozambano, Valeggio, Goïto, Mantoue, Governolo.

Le Mincio marque la séparation entre la Lombardie et la Vénétie.

L'Adige.

L'**Adige** (Etsch). — Sa vallée supérieure, Vintschgau, Val Venosta, ainsi nommée des Vendes ou Venostes, ses anciens habitants, conduit dans l'Engadine (Inn supérieur) par les cols de Reschen (Glürns à Nauders) et de Tauffers à Zernetz ; elle mène dans la Valteline par le Stelvio (Glürns et Pradt à Bormio).

L'Adige naissant est formé par les eaux des petits lacs de Reschen et de Heide.

A Glürns, débouchent (r. d.) la route de Zernetz (Engadine) et celle de Stelvio.

A Meran débouche (r. g.) le torrent de **Passeïer**, dont la vallée communique par le Timblsjoch avec l'Œtzthal. Meran était l'ancienne capitale du Tirol ; les ruines du château de

Tirol, qui a donné son nom au pays, sont à une petite distance au nord.

Au sud de Botzen, l'Adige reçoit l'**Eisack** (r. g.), dont la vallée supérieure conduit au Brenner; les points notables sont : Sterzing, Mittenwald, **Franzensfeste** (forts de barrage), Brixen, Klauzen, cluse très étroite, et Botzen (Bolzano).

L'Eisack lui-même reçoit (r. g.), près de Franzensfeste, le **Rienz**, qui sort des glaciers du monte Cristallo en courant du sud au nord dans l'Hohlensteinthal et se replie ensuite perpendiculairement à l'ouest. Sa vallée, continuée par celle de la Drave, porte alors le nom de Pusterthal.

Le **Pusterthal** est une large vallée qui borde le pied des massifs de l'arête centrale des Alpes, et ouvre une importante communication entre le Tirol et la Carinthie. Entre le Rienz et la Drave se trouve un seuil à peine sensible, appelé quelquefois col de Toblach, que le chemin de fer franchit à ciel ouvert. A Toblach, arrive (r. g.) l'importante route d'Italie, dite Strada d'Alemagna, qui suit l'Hohlensteinthal.

A San Michele, le **Noss** (Noce) tombe dans l'Adige (r. d.); sa vallée, appelée d'abord val di Sole, puis val di Non, est parallèle à la Vintschgau; un de ses tributaires supérieurs ouvre la route du Tonale, qui conduit dans la vallée de l'Oglio et passe au pied du fort de val Strino.

Le Noss débouche dans le val de l'Adige, entre Mezzo Tedesco (Deutsch Metz) et Mezzo Lombardo (Walsch Metz). D'anciens ouvrages défendaient sa vallée un peu plus en amont, au défilé de la Rochetta. La population de cette vallée est exclusivement italienne.

Le **Lavis** (Avisio), affl. de g., descend de la Marmolada. Sa vallée qui porte les noms de val di Fassa (ou Evas), puis de val di Fleims (ou Fiemme), puis de val Cembra, est très importante au point de vue de la défense stratégique du Tirol. Elle ouvre une communication entre la vallée de l'Adige et celle de la Boite, affl. du haut Piave, et relie ainsi, sur le territoire autrichien, Neumarkt sur l'Adige à la Cortina d'Ampezzo, sur la Strada d'Alemagna.

Une autre communication stratégique relie également le val di Fleims avec le val di Primiero (ou de Primor), haute vallée du Cismone, d'où l'on descend sur Feltre ou sur Primolano.

Le Lavis sort des montagnes à Lavis et tombe dans l'Adige en amont de Trente.

Le **Fersina**, qui finit à Trente, ouvre le col de Pergine, qui mène dans le val Sugana.

L'**Arsa**, qui se termine à Roveredo, ouvre le col des Fugazze.

Trente et Roveredo, nœuds de nombreuses communications, sont les points les plus importants du haut Adige. Trente est le chef-lieu du Tirol de langue italienne.

Plus en aval, la vallée de l'Adige se resserre; on lui donne le nom de val Lagarina. A Serravalle se voient les ruines d'anciennes fortifications qui défendaient ce défilé (*Klausen-feste*). Ala est la dernière ville autrichienne. Au delà commence la célèbre cluse de Vérone (*Berner Klause* ou *Chiusa Veneta*) qui est la porte du Tirol vers l'Italie, et qui a été cédée aux Italiens en 1866. L'Autriche y avait élevé, depuis 1848, d'importants ouvrages dont les Italiens ont retourné les défenses vers le nord.

L'Adige passe au pied du plateau de Rivoli; plus au sud, sur une colline isolée, sont les ouvrages de Pastrengo.

Vérone commande cet important débouché. Cette place était très forte et très étendue. Une ligne de forts couronne les hauteurs du nord-est; dans la plaine, au sud-ouest, une série de redoutes maçonnées couvrent les chemins de fer de Brescia et de Mantoue; mais que peuvent valoir aujourd'hui ces anciennes fortifications? Aussi les Italiens avaient-ils projeté de les démolir. Vérone est, en outre, exposée à être tournée par les routes de l'ouest du lac de Garde; trop près de la frontière, cette place ne peut servir ni de magasin de concentration, ni de pivot de manœuvre, et la défense de ses ouvrages exigerait une nombreuse garnison.

La haute vallée de l'Adige a joué un rôle considérable dans l'histoire de l'Europe. C'est par là, comme nous l'avons déjà dit[1], que sont entrés en contact les peuples du nord et ceux du midi. Le passage du Brenner étant un des plus faciles des Grandes Alpes et le moins élevé de la chaîne, il a été suivi dès la plus haute antiquité. Un flot de Cimbres y est passé; les Romains y avaient tracé une route qui a servi aux barbares, lors de l'invasion des Vandales en 406.

Ancien lit d'un glacier dont le fond a été comblé par des transports alluvionnaires, la vallée supérieure de l'Adige est d'une admirable fertilité. Elle a, en certains endroits, plus de 4 kilomètres de large; de nombreux villages se pressent sur les pentes des hautes montagnes qui la bordent de part et d'autre. Trente, Roveredo surtout, sont des centres importants d'industrie séricicole. Botzen, autrefois place de transit entre Venise et Augsbourg, a encore une certaine importance commerciale. C'est une charmante ville au climat tout méridional, station d'hiver fréquentée par les malades auxquels la vallée de l'Adige apporte les chaudes effluves du midi, tandis que les murailles des Alpes les protègent contre les vents froids du nord. Les deux routes du Brenner et du col de Reschen s'y réunissent. L'Adige y devient navigable.

Dans la partie inférieure de son cours, l'Adige forme une bonne ligne de défense en avant du Pô. Les principaux points de passage sont : Vérone, Legnano, et Boara. Ces trois points sont fortifiés. Badia, entre Boara et Legnago, a aussi quelques ouvrages que l'on doit améliorer. Un petit affluent de gauche, l'**Alpon**, qui passe à Arcole, descend des monts Lessini; et

[1] Voir page 25.

finit entre Ronco et Albaredo, coulant du nord au sud ; il prolonge, en quelque sorte, la ligne de l'Adige au-dessus de Legnago. Il présente une excellente ligne de défense, au pied de la position de Caldiero et à l'est de Vérone ; le prince Eugène l'occupa et la défendit en 1813. Les combats de 1796 l'ont rendu célèbre.

Entre l'Adige et le Mincio, le **Tartaro**, dont un petit affluent passe à Villafranca, se confond ensuite avec le canal **Bianco**, dérivation de l'Adige, et se prolonge jusqu'à Adria ; il communique avec le Pô, l'Adige, et la mer par plusieurs embranchements.

Un autre bras, l'**Adigetto**, se détache à Badia, passe à Rovigo, et se réunit au Pô et au canal Bianco.

L'Adige se jette dans la mer par plusieurs bras et communique avec les lagunes de Venise. Il y a d'anciens ouvrages à Cavanella et à Brondolo.

Cours d'eau côtiers.

Depuis l'Adige jusqu'au golfe de Trieste, au nord de la mer Adriatique, on trouve plusieurs cours d'eau qui offrent une succession de lignes utilisables contre une attaque venant de l'est. Ce sont : le Bacchiglione, le Brenta, le Piave, le Livenza, le Tagliamento, et l'Isonzo.

Le **Bacchiglione** mêle ses eaux à celles du Brenta, avec lequel il communique par plusieurs canaux.

Dans son bassin débouche la route de Roveredo par le col delle Fugazze, Schio, et Malo. Il passe à Vicence et à Padoue. En aval de Vicence, il reçoit (r. g.) l'**Astico**, dont la vallée pénètre dans les montagnes des Sette Communi, au centre desquelles le bourg important d'Asiago est chef-lieu d'un groupe de population d'origine germanique et qui forme les *Sette Communi*.

Au pied du col delle Fugazze se détache, au sud, une route qui descend par le **val d'Agno**. L'Agno est tributaire du **Frassine** qui passe à Este et qui communique par des canaux avec le Bacchiglione et avec l'Adige.

Le **Brenta** descend du col de Pergine, parcourt le val Sugana, et ouvre ainsi la route directe entre Venise et Trente. Il passe à Borgo Primolano, excellente position de barrage, au point de jonction de la route de Feltre; il se dégage des montagnes à Bassano, passe à Ponte di Brenta, et finit dans la lagune au sud de Venise; il est souvent guéable.

En aval de Primolano, il reçoit (r. g.) le **Cismone**, dont la haute vallée, val di Primiero, ou val Primor, ouvre une communication stratégique avec le val di Fiemme; au centre de cette vallée est Fiera ou Primiero.

Deux grands canaux, Brenta nuova et Brenta nuovissima, ont été creusés pour détourner les eaux du Brenta et garantir le territoire de Venise du danger des inondations. Ils contournent la lagune, se réunissent au Bacchiglione, et tombent dans la mer au port de Brondolo.

Le **Piave** est, après l'Adige, le plus notable des tributaires directs de l'Adriatique; sa vallée forme un étroit couloir entre les Alpes cadoriques d'un côté, les Alpes carniques et vénitiennes de l'autre.

A Sappada aboutissent (r. g.) plusieurs chemins qui réunissent le Piave au Tagliamento et au Pusterthal.

A Pieve di Cadore, il reçoit la **Boite**, qui ouvre le passage de la *Strada d'Alemagna*, par le val d'Ampezzo, et passe à Cortina d'Ampezzo, petite ville industrielle, située au pied des superbes murailles dolomitiques du monte Cristallo.

En aval de Bellune, tombe (r. d.) dans le Piave, le **Cordevole**, qui descend de la Marmolada, passe à Agordo, et ouvre des communications à travers les Alpes dolomitiques.

Le Piave laisse Feltre à droite; après avoir franchi les anciennes moraines de son glacier qui forment les derniers accidents des Avant-chaînes alpines, le Piave traverse la plaine venète; son lit est fort large, incertain, en quelques endroits bordé de marais. Son cours est torrentueux, le volume de ses eaux très faible en été; aussi le fleuve est-il souvent guéable.

La **Livenza** sort des Avant-chaînes des Alpes vénitiennes;

son cours est peu considérable. Divisée en plusieurs bras et bordée de marécages et de lagunes, elle est difficilement franchissable, surtout dans sa partie inférieure.

Le **Tagliamento**, qui descend du mont Cridola, coule d'abord à peu près de l'ouest à l'est, sa vallée permet de tourner les lignes de l'Isonzo. A Tolmezzo se réunissent deux des routes qui viennent du Piave : celle de Sappada, par le canal San-Canziano, et celle de Vico, par le haut Tagliamento ou canal di Socchieve. De Tolmezzo part également un chemin carrossable qui traverse les Alpes carniques par le monte Croce et aboutit à Mauthen, sur la Gail, affluent de la Drave.

Un des affluents de gauche du Tagliamento, le **Fella**, descend du col de Tarvis (Malborghet Pass), passe à Malborghet et Pontebba ; c'est lui qui ouvre la communication la plus courte entre l'Italie et l'Autriche.

Un chemin de fer, remarquable par ses travaux d'art, viaducs et tunnels, suit cette vallée et se raccorde aux lignes autrichiennes à Tarvis. Il est commandé sur le territoire autrichien par l'ancien fort de Malborghet, au pied duquel passe également la route. Ce passage pourrait être facilement barré sur le territoire italien, à la Chiusa forte, l'ancienne cluse vénitienne. Il existait autrefois des fortifications près d'Osopo, en aval du confluent du Fella, mais elles n'ont plus aucune valeur.

Bien que formant des dérivations nombreuses, le Tagliamento ne constitue pas un obstacle important, excepté à l'époque des crues, où il a plusieurs kilomètres de large. Son lit est exhaussé par les roches qu'il charrie. La ville de Codroipo située à quelque distance (r. g.) est en contrebas de la rivière.

L'Isonzo, à l'est de la frontière, en entier sur le territoire autrichien, descend du massif du Terglou, et reçoit (r. d.) la **Coritenza**, qui ouvre le col de Predil ; sa vallée supérieure, resserrée à droite par le mont Canin et les monts Maggiore, à gauche par les contreforts du mont Terglou, est difficile ; le col de Predil est défendu par un fort à la Chiusa. L'Isonzo passe à Caporetto, à Tolmein (Tolmino), et à Canale. Il se dégage des montagnes à Gorizia. Sur son cours inférieur, sont les places autrichiennes de Gorizia et de Gradisca, aujourd'hui sans valeur.

A Tolmino, l'Isonzo reçoit (r. g.) l'**Idria**, qui passe à Idria, centre d'exploitation d'importantes mines de mercure.

Entre l'Isonzo et le Tagliamento se trouve l'ancienne place de Palma Nova.

Affluents de droite du Pô.

Les premiers affluents de droite du Pô descendent de la ceinture des Alpes et ont les caractères des rivières alpestres :

La **Vraita** (Château-Dauphin) ouvre les cols d'Agnello sur Queyras et du Longet sur Tournoux.

La **Maira** (Savigliano et Cavallermaggiore) reçoit (r. d.) la **Grana** dont les sources sont voisines du col del Mulo.

La **Stura** descend de l'Enchastraye, ouvre la route du col de Larche. Dans sa haute vallée, qui est barrée par le fort de Vinadio, débouchent (r. g.) le chemin du col del Mulo, et (r. d.) de nombreux chemins qui viennent de la Tinée, col de Pourriac, Colla Longa, Santa-Anna, etc. Elle passe ensuite à Demonte, ancienne place, au débouché du val d'Arma (r. g.) qui communique avec le col del Mulo et permet de tourner Vinadio en venant de la Vraita.

A Coni, la Stura reçoit (r. d.) le **Gesso** qui passe aux bains de Valdieri, d'où partent les routes muletières, que l'on tend à améliorer de jour en jour, de Fremamorta sur Saint-Sauveur (Tinée), de la Fenestre et de Cérèse sur Saint-Martin de Lantosque (Vesubie). A Borgo San Dalmazzo, le Gesso reçoit (r. d.) la **Vermanagna** qui descend du col de Tende. San Dalmazzo est le nœud de toutes les routes qui traversent les Alpes depuis le col de Larche jusqu'au col de Tende.

La Stura passe ensuite à Fossano et se réunit au Tanaro à Cherasco à quelque distance au sud de Bra, nœud important de communications ferrées.

Le **Tanaro** prend naissance entre le mont Gioje au nord et le mont Fronte au sud. Un de ses bras, le Tanarello, ouvre une route sur la haute Roya. Le Tanaro coule d'abord dans une étroite vallée par Ormea et Garessio, passe à Ceva, contourne les collines du Montferrat. A Cherasco, il reçoit (r. g.) la Stura et change de direction en prolongeant le cours de son affluent; il traverse les collines du Montferrat par **Alba** et **Asti** et débouche dans la plaine d'Alexandrie. Il finit en aval de Bassignana.

Son bassin a une grande importance stratégique parce qu'il reçoit les eaux d'un arc de montagnes très étendu depuis le col de Larche jusqu'à celui de la Bocchetta, et que, par ses affluents, s'établissent de nombreuses communications entre la plaine du Pô d'une part, la Provence et la côte ligurienne de l'autre.

Outre la Stura, ses principaux affluents de gauche sont : le **Pesio**, l'**Ellero** (Mondovi), la **Corsaglia**, qui descendent de l'arête des monts Gioje.

Ses principaux affluents de droite sont :

La **Bormida**, formée de deux rivières qui prennent leurs sources dans le massif du mont Settepani. La Bormida occidentale passe à Millesimo; la Bormida orientale à Carcare, bifurcation des chemins de fer de Savone à Mondovi et de Savone à Alexandrie, puis à Cairo, et à Dego. Elles se réunissent en amont d'Acqui.

La Bormida couvre un des fronts de la place d'Alexandrie. Ses affluents de droite ouvrent de nombreux passages qui communiquent avec la Rivière de Gênes. Les plus importants sont : l'**Erro** qui ouvre le col de Giove, et l'**Orba**, dont les affluents correspondent aux cols di Masone et de la Bocchetta.

Les autres affluents de gauche du Pô arrosent l'**Émilie** en descendant de l'Apennin ligurien et de l'Apennin toscan.

Presque entièrement à sec pendant l'été, elles subissent au moment des pluies, des crues considérables et rapides, les Apennins n'ayant ni glaciers, ni lacs régulateurs. Ces rivières, torrentueuses pour la plupart, coulent dans des déchirures très étroites des montagnes. Leurs vallées sont si escarpées qu'elles n'ont pu servir au tracé des routes qui suivent en général les contreforts intermédiaires, ce sont :

La **Scrivia**, qui descend des montagnes de la Scoffera ; elle est longée par la route et par le chemin de fer de Gênes à Alexandrie par le col de Giovi ; elle débouche en plaine au défilé de Serravalle, passe à Novi et Tortone.

La **Staffora**, qui descend du massif du mont Antola ; elle passe à Varzi, débouche en plaine à Voghera, laissant Montebello à quelque distance à droite.

Le **Tidone** sort des montagnes de Zavatarello.

La **Trebbia** descend du col de la Scoffera, passe à Montebruno, Bobbio, et finit en amont de Plaisance. Sa vallée est suivie par la route de Gênes à Plaisance. Bobbio est une position importante au centre des montagnes, au point d'arrivée de la route de Voghera par la Staffora, Varzi, et le mont Penice.

Le **Taro**, qui ouvre le col des Cent-Croix (route de Chiavari), passe à Borgo Taro, Fornovo (Fornoue), au débouché de la route de la Cisa.

La **Parma** (Parme).

Le **Crostolo** (Reggio, Guastalla).

La **Secchia** ouvre le col de Cerretto (route de Reggio à Spezia).

Le **Panaro**, dont un des torrents supérieurs passe près de Pieve di Pelago où viennent converger les routes de San Pellegrino, de Rondinaia, de Fiumalbo.

Le **Reno** descend du col de Piastres (route de Pistoïa); ses sources sont opposées à celles de la Pescia, affl. de l'Arno ; il ouvre le défilé de la Porretta (route et chemin de fer de Bologne à Florence), passe à Vergato, débouche de l'Apennin près de Bologne, se jette dans le Pô di Primaro.

Le **Senio** (Castel Bolognese).

Bassins côtiers de l'Adriatique.

Au sud du Pô :

Le **Lamone**, le **Montone**, le **Ronco** ouvrent plusieurs routes des Apennins romains.

Le Montone et le Ronco se jettent dans la mer par une seule embouchure, les *Fiumi uniti*.

Le **Savio** descend du mont Comero, près de Bagno in Romagna ; ses sources communiquent par quelques chemins muletiers avec l'Arno et le Tibre ; il passe à Cesena.

Le **Rubicon** n'est qu'un petit torrent.

Côtes de la mer ligurienne et cours d'eau côtiers.

La côte italienne présente les mêmes caractères que celle de la Provence ; elle est rocheuse et régulièrement découpée par des baies peu profondes que ferment les contreforts des montagnes. Le golfe de Gênes dessine un grand arc de cercle encadré par la chaîne abrupte des Alpes liguriennes et de l'Apennin ligurien, dont les crêtes ne sont qu'à environ 8 kil. de la côte. On lui donne le nom de *Rivière du Ponant* à l'ouest de Gênes et de *Rivière du Levant* à l'est.

La frontière coupe deux fois le cours de la Roya ; elle laisse les sources et l'embouchure de la rivière à l'Italie, le cours moyen à la France. Le traité de cession a donné à la France le canton et non pas l'ancien comté de Nice qui eût compris les cols de Tende, du Tanarello, et d'Ardente. Entre San Dalmazzo et Fontan, premier village français, la **Roya** coule pendant près de 8 kil. dans la gorge de Berghe, étroite, encaissée entre des rochers verticaux d'une centaine de mètres de hauteur. Il suffit d'une barricade pour défendre ce passage. Au delà de Fontan, la Roya passe au pied des célèbres positions de Saorge, à la Giandola, et à Breil. Elle entre de nouveau sur le territoire italien et finit à Vintimiglia (r. d.).

Elle reçoit (r. g.) à San Dalmazzo, la **Briga** dont la vallée conduit au col du Tanarello et au col Ardente.

A quelque distance de son embouchure, elle reçoit (r. d.) la **Bevera**, dont la vallée est encaissée entre deux contreforts élevés que la route de Nice à Tende franchit au col de Brâus (r. d.) et au col de Brouis (r. g.). Cette rivière passe à Sospel où aboutit la route de Menton.

La **Nervia** court presque parallèlement à la Röya, et finit à peu de distance à l'est.

La **Taggia**, descend du mont Fronte, ouvre le col Ardente, tombe dans la mer entre San Remo et Porto-Maurizio, l'un des ports les plus importants de la rivière du Ponant.

Les points principaux de la côte sont : Bordighera, San Remo, Porto Maurizio, Oneglia, point de départ de la route du col de Nava;

Alassio, bonne plage qui pourrait servir à un débarquement;

Albenga, près de l'embouchure de l'**Arroscia**, point de départ de la route du col de San Bernardo, Loano, Finale-Borgo;

Vado, bonne plage de débarquement, la seule où l'on pourrait réunir un corps d'armée;

Savone, point de départ du chemin de fer de Turin et de la route du col de Cadibone;

Albissola, point de départ de la route du col de Giove;

Voltri, point de départ de la route du col di Masone;

Sestri Ponente, plage de débarquement.

Gênes, à l'embouchure de la **Polcevera** qui ouvre la route de la Bocchetta, et du **Bisagno** qui ouvre celle de la Scoffera.

Au delà de Gênes, la route et le chemin de fer suivent la côte en corniche jusqu'à Spezia.

La vallée du Bisagno et celle du **Lavagno** qui finit à Chiavari, sur le golfe de Rappallo, offrent, entre Gênes et Chiavari, une communication intérieure en partie muletière.

Une route, qui suit la vallée de la Vara, permet également d'éviter la corniche entre Chiavari et **Spezia**.

Près de Chiavari est la plage de Sestri Levante qui communique avec la route des Cent-Croix.

CONSIDÉRATIONS

SUR LA FRONTIÈRE DU NORD-OUEST.

PIÉMONT—LIGURIE.

Si, par suite des conventions de la *triple alliance*, conclue entre l'Italie, l'Allemagne, et l'Autriche, l'Italie se trouvait, au mépris des traditions historiques et au grand préjudice de ses intérêts moraux et matériels, engagée dans une guerre contre la France, la situation présenterait certaines analogies avec celle de 1866, alors que l'Italie était alliée à la Prusse contre l'Autriche. Or, si les Autrichiens avaient disposé, à Sadowa, des 70,000 hommes qui opéraient, en Italie, l'issue de la campagne de Bohême aurait pu être toute différente.

Il semble donc que la France aurait à conserver sur sa frontière des Alpes une attitude d'observation et de stricte défensive, qu'elle ne devrait y affecter qu'un minimum de forces et, au contraire, concentrer tous ses efforts sur sa frontière de l'est.

Les Italiens pourraient, il est vrai, être tentés de faire quelque audacieuse démonstration d'offensive, mais une victoire sur la Meurthe remettrait bien vite les choses en place, tandis que nombre de combats heureux dans les vallées des Alpes et même une invasion en Italie par une armée française ne pourraient compenser, pour la France, un échec subi en Lorraine.

Faisant d'ailleurs abstraction de circonstances politiques essentiellement variables, nous ne considérerons la frontière franco-italienne qu'au point de vue de l'étude scientifique d'un théâtre de guerre, en nous mettant successivement au point de vue de l'offensive et de la défensive.

La neutralité de la Suisse protège les frontières de l'Italie, depuis le col du Stelvio jusqu'au mont Blanc. En admettant, contre toute probabilité, que cette neutralité soit violée, elle ne pourrait guère l'être qu'avec le consentement de la Confédération helvétique et avec le concours de son armée. L'Allemagne seule pourrait être amenée à une opération de cette nature; quant à la France et à l'Autriche, qui confinent directement avec l'Italie, elles n'auraient aucun avantage à choisir ce front d'attaque.

Dans l'hypothèse, absolument invraisemblable d'ailleurs, où l'armée suisse coopérerait à une action contre l'Italie, elle occuperait, dès le début des hostilités, des positions avantageuses dans le canton du Tessin, sur le versant méridional des Alpes. Les routes du Saint-Gothard, du Lukmanier, et du San Bernardino lui permettraient de se concentrer à Bellinzona. Elle se trouverait ainsi à même de se porter, en quelques marches, sur Milan, qui serait l'objectif naturellement désigné à son offensive.

La défense de l'Italie serait certes fort difficile. Il lui faudrait, sans doute, se borner à tenter le sort des armes dans une grande bataille livrée dans le Milanais, et, en cas d'insuccès, abandonner immédiatement la rive gauche du Pô pour prendre position à Plaisance.

La défense de la frontière française présente un problème très différent et des conditions nouvelles depuis que l'Italie unifiée peut consacrer à cet objet des ressources importantes et des forces nombreuses. On ne trouve dans les guerres modernes aucun exemple d'attaque ni de défense des Alpes par des armées dont l'effectif puisse être comparé à ceux que la France et l'Italie mobiliseraient si la guerre éclatait entre elles.

En 1796, lorsque Bonaparte franchit les Apennins au col de Cadibone, les campagnes précédentes avaient déjà permis aux troupes françaises de s'installer sur la Corniche et de tâter longuement les différents passages. En 1800, ce fut une marche audacieuse qui permit de surprendre le passage des Alpes.

Dans l'une et l'autre campagne, l'armée française ne comptait guère qu'une trentaine de mille hommes. Dans les conditions actuelles, de semblables opérations ne sauraient se renouveler.

Le théâtre de guerre de la frontière française correspond à l'ancien royaume de Piémont, dont les limites étaient marquées, à l'est, par le Tessin sur la rive gauche du Pô, et, à peu près, par la Staffora sur la rive droite. L'objectif principal de l'offensive serait **Plaisance**, centre de convergence des routes qui traversent les Alpes, depuis le Petit Saint-Bernard jusqu'à Gênes.

La place principale de concentration et de ravitaillement des Italiens serait **Alexandrie**, où viennent aboutir cinq lignes ferrées.

Turin, est trop près des Alpes, et ne pourrait servir que de place de dépôt pour les troupes alpines.

Les Alpes n'ont jamais constitué un obstacle infranchissable. Les Cimbres, les Teutons, Annibal, etc., les ont traversées. A une époque plus récente, des armées, qui traînaient du gros canon, n'ont pas hésité à s'engager dans les sentiers alpestres.

En 1494, Charles VIII est entré en Italie par le Mont-Genèvre; il est rentré en France l'année suivante par la même route.

Au mois d'août 1515, François Ier fait ouvrir les cols de l'Argentière et d'Agnello et y fait passer ses troupes avec 72 canons.

En 1524, François Ier passe par le Mont-Genèvre.

Au mois de mars 1629, Louis XIII et le maréchal de Tessé franchissent le Mont-Genèvre, qui était encombré de neige.

Au mois d'octobre 1743, le duc de Mina entre en Italie avec un corps franco-espagnol par le col d'Agnello.

En dehors des grandes routes internationales, utilisables en toute saison par les trois armes, et dont il sera parlé plus loin, il existe, dans la zone alpine, de très nombreux passages [1].

Un assaillant audacieux, disposant de forces suffisantes, sera bien rarement arrêté, en pays de montagnes soit par l'état des chemins, soit même par la fortification. Il finira toujours par faire passer ses troupes légères par quelque sentier, qu'il pourra ensuite faire améliorer pour y conduire du canon et tourner les défenses fixes. Le fort de Bard n'arrêta pas

[1] On a compté, sur la frontière franco-italienne, 232 passages qui se répartissent ainsi :

Du Petit Saint-Bernard au Mont-Genèvre.....	76	159
Jusqu'au col de Tende....................	83	
Sur le littoral..............................		73
		232

Il ne saurait être possible d'en donner la nomenclature. Cette étude doit se faire sur une carte de détail.

Bonaparte en 1800 et le général Gourko, en 1877, franchit les Balkans par un sentier à peine connu [1].

Il est à remarquer que la création des grandes communications postales et la construction des chemins de fer ont eu pour conséquence de concentrer les échanges sur quelques passages soigneusement entretenus. Un grand nombre de chemins muletiers et même charretiers qui existaient au siècle dernier, ont été abandonnés et ne sont plus praticables. Il est donc plus facile aujourd'hui qu'à cette époque de défendre les Alpes, et l'on peut dire que la puissance défensive de ces montagnes a en quelque sorte augmenté.

Six grandes routes, praticables pour les trois armes, traversent la frontière franco-italienne. Ce sont celles du *Petit Saint-Bernard*, du *Mont-Cenis*, du *Mont-Genèvre*, de *Larche*, de *Tende*, et de la *Corniche*.

Elles peuvent être suivies en toute saison, sauf dans les hivers très rigoureux et par les tempêtes. Mais, ainsi qu'il a été dit plus haut, il existe un grand nombre d'autres passages plus ou moins praticables qu'on peut grouper en trois faisceaux convergents :

1° Ceux de la vallée de la Dora Baltea, ou des Alpes Graies (la directrice principale étant la route du Petit Saint-Bernard);

2° Ceux des vallées de la Dora Riparia et du Pô, ou des Alpes Cottiennes (les directrices étant les routes du Mont-Cenis et du Mont-Genèvre);

3° Ceux des vallées de la Stura et du Tanaro ou des Alpes Maritimes (les directrices étant les routes de Larche et de Tende).

[1] Voir dans le tome I (*La France*) l'opinion du duc de Rohan et celle du maréchal de Saxe sur la guerre en pays de montagnes.

La route du **Petit Saint-Bernard** (2,192^{m}) fait communiquer la vallée de la haute Isère avec celle de la Dora Baltea, dont les affluents supérieurs n'ouvrent que de fort mauvais sentiers très difficilement praticables. Le faisceau en est commandé, en Italie, par les *retranchements du prince Thomas* dans la vallée de la Thuile, plus en arrière, par le fort de **Bard**, récemment amélioré [1], et par les fortifications voisines qui interdisent complètement le passage; sur le versant français, par le fort de **Vulmis**, qui vient d'être construit au débouché du col.

Séparée de la route du Mont-Cenis par une distance de 50 kilomètres environ et ne communiquant avec elle que par le mauvais sentier du Mont-Iseran, elle est pour ainsi dire isolée des autres voies pénétrantes. La route du Petit Saint-Bernard ne saurait donc devenir, pour les Français, une ligne d'opérations principale.

Dans les Alpes Cottiennes, la frontière est traversée par de très nombreux passages qui convergent vers Turin.

Le tunnel du chemin de fer serait vraisemblablement détruit et, par conséquent, inutilisé pendant une période indéterminée [2].

Les routes du **Mont-Cenis** (2,091^{m}) et du **Mont-Genèvre** (1860^{m}), praticables pour les trois armes, aboutissent dans la vallée de la Dora Riparia, la première à Suse, la seconde à Cesane.

1 Le fort de Bard a été complété par la construction de la batterie de Machaby et par des fortifications sur les hauteurs Della Cou, au nord.

2 Du côté italien, un blockhaus défend le débouché du tunnel et assure la mise en œuvre, en temps voulu, des dispositifs de mine. Le débouché sur le versant français est sous le canon des forts de Modane.

A Cesane, la route du Mont-Genèvre, la meilleure des communications internationales, se bifurque d'un côté sur Oulx et Exilles, en descendant la vallée de la Dora, de l'autre sur Fenestrelle et Pignerol, par le col de **Sestrières**, en descendant la vallée du Chisone.

Entre les routes du Mont-Cenis et du Mont-Genèvre, les principaux cols muletiers sont ceux de la Roue et de l'Échelle; entre la route du Mont-Genèvre et le mont Viso : les cols d'Abriès, de Lacroix, et du mont Viso (Traversette).

Relié à la vallée du Rhône par la ligne ferrée internationale de la vallée de l'Arc (2 voies) et par le chemin de fer de la vallée de la Durance qui aboutit à Briançon (1 voie), à proximité des ressources de toute nature concentrées dans cette place, le faisceau des voies pénétrantes compris entre le Mont-Cenis et le mont Viso (70 kil. environ) offrirait des conditions d'offensive favorables à une armée française. Aussi, les Italiens ont-ils multiplié les défenses de cette section de frontière.

Au col même du **Mont-Cenis**, sur le plateau, est constituée une véritable place d'armes formée par deux forts et une batterie. Un quatrième ouvrage est en construction [1].

Suse, débouché de la route du Mont-Cenis dans la vallée de la Dora, est défendu par plusieurs ouvrages en construction [2].

[1] Les ouvrages sont le fort de *Varizello* (2,105^{m}) au sud du lac, entre la grande route et le chemin du Petit-Mont-Cenis, qui commande ces deux voies ; le fort *della Cassa* (1954^{m}) qui enfile la grande route ; la batterie *della Roncia* (2,280^{m}) qui renforce l'action du fort della Cassa et occupe une hauteur dangereuse pour cet ouvrage. L'ouvrage en construction s'élèvera sur la pointe de Coma Rossa, qui domine le fort de Varizello.

[2] A Pampalu, Giaglione, Gravere et la Losa.

La vallée est barrée plus en amont par **Exilles**, dont les ouvrages ont été remaniés et considérablement renforcés [1].

La vallée du Chisone est barrée par les défenses de **Fenestrelle** (36 kil. du Mont-Genèvre) comprenant une série d'ouvrages, reliés par un retranchement et qui s'étagent sur la rive gauche de la rivière, depuis le fond de la vallée (fort de l'eau) jusqu'à l'**Assietta** (fort Saint-Elme qui domine la vallée de 700 mètres).

Le plateau de l'Assietta, entre Fenestrelle et Suse, dont le nom rappelle la forme tabulaire, a été couvert d'ouvrages et de batteries reliés par une bonne route stratégique.

Cette ligne fortifiée se prolonge au sud de Fenestrelle sur le massif de l'**Albergian** jusqu'à Perrero, pour barrer les sentiers qui débouchent du col d'Abriès.

Les Italiens espèrent avoir ainsi paralysé la puissance offensive de Briançon.

Cette position de l'Assietta, dominée au nord par la Roccia Melone, au sud par l'Albergian, est certainement très forte et ne saurait être attaquée de front.

Campagne de 1747. — Il est intéressant de rappeler à ce sujet la campagne de 1747, exemple remarquable d'une tentative d'attaque directe contre des défenses fixes de montagne.

Pendant la guerre de la **Pragmatique Sanction**, le roi de Sardaigne, Charles-Emmanuel, soutenu par un corps autrichien, avait à défendre ses États contre une armée franco-espagnole, commandée par le marquis de Belle-Isle et le duc de Las Minas.

Il avait été décidé entre ceux-ci, que l'on ferait une démonstration par la Rivière de Gênes, de manière à diviser l'attention de l'ennemi et de la détourner des routes du Dauphiné par lesquelles aurait lieu l'attaque principale. Le roi Charles-Emmanuel perça néanmoins les intentions de ses adversaires

[1] Forts de la Garde, de Fénilles, au nord du tunnel du chemin de fer, et de Suppé au sud. Ces forts sont casematés et présentent plusieurs étages de feux. La garnison comprend au moins 2,000 hommes.

et fit fortifier le plateau de l'Assietta qui commande les vallées de la Dora et du Chisone.

Les redoutes de l'Assietta, attaquées de front (19 juillet), ne purent être enlevées malgré des efforts héroïques. Le chevalier de Belle-Isle, qui dirigeait l'attaque, vint se faire tuer sur les retranchements mêmes. L'armée franco-espagnole perdit 2 généraux, 9 brigadiers, 430 officiers, 5,300 hommes, tandis que les Austro-Piémontais n'eurent pas 200 hommes hors de combat. Cette défaite termina la lutte et mit fin à la guerre.

Dans des circonstances analogues, il faudrait sans doute prévoir une résistance de même nature sur cette position, et chercher les moyens de la tourner.

La route carrossable de **Larche** (1995^{m}) et celle de **Tende** (1873^{m}) sont les axes principaux des voies pénétrantes des Alpes Maritimes qui convergent vers Coni et Alexandrie.

Au nord de la route de Larche, les chemins muletiers d'Agnello, du Longet, et du Lautaret se prolongent sur la Stura par le col del Mulo, qui conduit de Castel Delphino, poste anciennement fortifié à Demonte et tourne, par suite, la position de Vinadio.

Cette dernière place est tournée également par divers passages secondaires venant de la Tinée et de la Vésubie (cols de Fremamorta, Cerèse, de la Fenêtre, etc.) [1].

La route de Larche est commandée, auprès du col même, par trois batteries [2].

A 7 kil. en aval de l'Argentière, à proximité du défilé des Barricades, où la vallée de la Stura n'a plus que 25 m. de largeur, la batterie de Beccò Rosso, qu'il est question de transformer en fortin, commande la route.

En outre, des dispositifs de mines sont préparés dans les défilés des Barricades et du Pas du Chamois (8 kil. en amont de Vinadio) et sur les ponts que traverse la route.

[1] Voir tome I, la *France*, p. 325.

[2] Batterie de Viraysse, à 600^{m} sud du lac du col, batterie du Bec de la Signora au nord de la route, batterie des Granges entre l'Argentière et le col.

Les fortifications de Vinadio comprennent une enceinte régulière avec son réduit (construit de 1837 à 1850), deux forts détachés et trois batteries annexes [1].

Les positions du col **del Mulo**, au nord de Vinadio, qui permet de tourner cette place et même, par la vallée de la Grana, d'arriver directement à Coni sans passer par la vallée de la Stura, sont défendues par cinq grandes casernes casematées pouvant abriter 500 hommes chacune. Il y a un grand nombre d'abris moins importants, à portée des passages.

La route de **Tende** met en relations Nice et Coni, c'est-à-dire la Roya et la Stura. Un tunnel, ouvert depuis peu de temps, supprime l'ascension pénible des derniers lacets de chaque versant et rend la route plus facile en toutes saisons.

Des fourneaux de mine sont préparés dans les défilés de la haute-Roya.

Un poste d'embuscade a été construit à San Dalmazzo (fusilière de San Dalmazzo).

Une position fortifiée de premier ordre a été créée au **col de Tende**, tant pour barrer la route que pour constituer une place d'armes offensive. Les fortifications comprennent :

Un fort central établi au col même, et une caserne défensive à deux étages, en contre-bas, comportant, pour les deux ouvrages réunis, une garnison de 1000 hommes environ;

Cinq forts détachés, dont trois à l'ouest de la route et deux à l'est [2].

Enfin, de nombreux baraquements destinés à abriter les troupes alpines pendant les manœuvres, des magasins de

[1] Les forts détachés sont la tour de *Nighino* au nord-est de la ville et le fort de *Sersiera* ou de *Protolungo*, au sud. Les trois batteries sont celle de la *Testa del Corso*, au nord de Vinadio, celle d'*In Pala* au sud-est, celle de la *Punta della Corsa* au sud. Un fort est projeté entre Vinadio et Demonte.

[2] A l'ouest de la route le fort de Pernente, le fort de la Giaura, avec une batterie-annexe, et le fort de Margheria ; à l'est de la route, le fort Taborda et le fort Pepin.

vivres, une manutention, etc., permettraient, en cas de guerre, de concentrer des effectifs nombreux à proximité du col.

L'occupation du groupe montagneux voisin du col du Tanarello, à 15 kil. environ sud-est du col de Tende (mont Saccarello, mont Fronte), permettrait aux Français de tourner les positions de Tende. Aussi, les Italiens ont-ils élevé, dans cette région des casernes en maçonnerie et des baraquements en bois, pour pouvoir y réunir des forces suffisantes. En outre, ils ont construit un chemin stratégique de crête, de 2 m. à 2m,50 de large, depuis les positions de Tende (fort Pernante) jusqu'au col du Tanarello, par le col de la Perle et le mont Bertrand.

Ce chemin stratégique se prolonge par une route de 3m,50 à 4 m. de largeur jusqu'au fort central du col de Nava.

La Baisse de Marta (7 kil. env. sud-est du mont Saccarello) forme en quelque sorte le premier échelon d'accès vers le col du Tanarello ; elle est occupée par deux casernes en maçonnerie et des baraquements.

Enfin, une voie ferrée a été projetée de Coni à Vintimille. Elle franchira en tunnel les massifs de Tende et de la Marta pour déboucher dans la vallée de la Nervia.

La route de la **Corniche**, qui longe la mer, offrirait de sérieuses difficultés pour les opérations militaires. Les contreforts des montagnes serrent, en effet, la côte de très près. Les torrents qui descendent des Alpes liguriennes (Nervia, Taggia, Aroscia, etc.), forment autant de lignes de défense très fortes, utilisables contre une armée venant de l'ouest.

La route est barrée, à la frontière même, par la petite place de Vintimiglia, sans grande valeur, très exposée surtout du côté de la mer ; puis, elle traverse un très grand nombre d'ouvrages d'art (ponts, tunnels, etc.), qu'il serait facile de mettre hors de service.

Ce n'est donc pas par terre, en venant de Nice, qu'il faut aborder la rivière de Ponant, mais par un débarquement sur cette côte.

Passages des Alpes Liguriennes.

Tourner les Alpes a été le but des premières opérations de Bonaparte en 1796. Les Italiens ont cherché à prévenir, dans l'avenir, une semblable éventualité, en apportant un soin particulier à la défense des passages qui, venant de la Corniche, traversent les Alpes de Ligurie (cols de Nava, de San Bernardo, de Melogno, et d'Altare, etc.).

Le col de **Nava** (d'Oneglia à Garessio) permettrait de prendre successivement à revers les positions de Marta, du mont Fronte, du Tanarello, et de Tende.

Les défenses comprennent un fort central, à cheval sur la route et quatre ouvrages moins importants [1].

La route de **San Bernardo** (d'Albenga à Garessio) est barrée par un groupe d'ouvrages élevés au défilé de Zuccarello. Cette position tient en même temps le chemins qui traverse les Alpes Liguriennes et la grande route de la Corniche, qu'elle menace de flanc.

Les ouvrages comprennent un fort central, renforcé par deux batteries et un autre fort établis à 2 kil. environ sur les hauteurs voisines [2].

La route de l'**Osteria di Melogno**, de création récente, permettrait de tourner par la vallée de la Bormida, toutes les défenses du haut Tanaro. Elle est barrée par un fort central, qui défend le col même et par trois ouvrages annexes, sur les hauteurs voisines [3].

[1] Fort Bellarasco (600m sud du fort central), fortin de Possanghi, fortin de Richelmo, batterie du mont Escia.

[2] Fort Arnasco, batterie de Zucarello et batterie de la Madona della Neva.

[3] Fort Settepani (2 kil. nord du fort central), fort de Tortogno (4 kil. sud-ouest), batterie du Meriggio (3 kil. sud-ouest). Un fort est projeté à 3 kil. nord-est du fort central sur les hauteurs de la Madona della Neva.

La **route de Cadibone** (Savone à Ceva) doublée d'un chemin de fer, est défendue par un fort d'arrêt construit au col d'**Altare**, où la route passe en tunnel. Le chemin de fer n'est pas battu mais il traverse plusieurs ouvrages d'art (viaducs et tunnels) faciles à intercepter.

Un groupe d'ouvrages, commande la plage entre Vado et Savone, point de débarquement le plus favorable sur la côte du Ponant.

Les pâssages compris entre Savone et Gênes sont barrés : au col de **Giove**, par des forts à tourelles cuirassées [1].

Des ouvrages sont projetés au col de **Masone.**

Une attaque directe des fortifications que les Italiens ont accumulées à grands frais sur les principaux passages des Alpes ne saurait sans doute être conseillée; Napoléon et tous les généraux qui ont fait la guerre dans les montagnes, ont recommandé de marcher et de manœuvrer sur les derrières de l'ennemi, et ils ont insisté sur les avantages de la défense sur l'attaque.

Ces avantages sont-ils augmentés par l'emploi des armes à longue portée et des explosifs modernes. C'est peu probable. Il arrivera peut-être, au contraire, que de l'artillerie pourra être amenée à distance et hors des vues d'un ouvrage et en ruiner les défenses par un tir indirect bien repéré. Puis, les Italiens savent bien, comme nous, qu'on peut passer partout dans la montagne et qu'un assaillant hardi et suffisamment nombreux arrivera toujours à tourner des défenses fixes. Les passages sont nombreux ; quelle que soit la

[1] Forts Bruciato et Scavata.

vigilance des troupes alpines, il se trouvera toujours un sentier qui conduira sur les derrières des positions de défense et les fera tomber.

On doit donc se borner à considérer la question d'une attaque de la frontière italienne à un point de vue stratégique d'ensemble, sans tenir plus compte qu'il ne convient des opérations tactiques de détail, dont le sort dépendra surtout de l'expérience et de l'activité des troupes qu'on y emploiera.

Une invasion est possible aujourd'hui comme autrefois. Le point sur lequel on percera le rempart des Alpes, dépendra des circonstances, mais surtout du caractère du général en chef et du but qu'il se proposera. Il aura à choisir pour l'attaque principale entre les deux faisceaux des Alpes cottiennes et des Alpes maritimes. Ce dernier a l'avantage de se lier avec une attaque par mer, mais il est éloigné des chemins de fer et offre moins de commodités pour la concentration et le ravitaillement des colonnes.

La défense directe des Alpes doit être confiée aux troupes alpines. Outre les fortifications de barrage que nous avons fait connaître, de nombreux abris ont été préparés et des communications bien tracées permettront de rapides mouvements, mais on ne peut espérer que ces troupes suffisent pour empêcher[1] le passage des Alpes. Leur rôle doit être surtout de retarder l'invasion de manière à gagner le temps nécessaire à la concentration qui, vu les distances et la disposition des chemins de fer, sera relativement lente.

Si l'armée italienne est prête en temps utile, il est vraisemblable qu'elle livrera bataille dans la plaine de

[1] Voir à la fin du volume l'organisation des troupes alpines.

Turin et cherchera tout au moins à refouler les colonnes de l'assaillant avant leur jonction.

Si elle n'a pu se concentrer à temps, ou, si elle craint de se voir envelopper dans les plaines de Turin, elle se retirera sans doute par les défilés du Montferrat. Nous avons dit plus haut quels avantages ces collines d'argile, aux flancs taillés verticalement, offriraient à la défensive. Les villages, les fermes situées au sommet des pentes, sont d'excellents points d'appui, et si cette région a eu jusqu'ici peu de notoriété militaire, c'est qu'il ne s'est jamais trouvé, en face des envahisseurs des Alpes, une armée nombreuse, sérieusement préparée à faire une guerre scientifique. Les collines du Montferrat auraient donc, selon nous, un rôle important à jouer dans les guerres possibles de l'avenir, et il paraîtrait dangereux pour l'invasion de prétendre exécuter un mouvement tournant par la rive gauche du Pô, Verceil, et Novare, en négligeant les troupes qui occuperaient le Montferrat et seraient à même de tomber sur son flanc par les ponts de Casale.

Les directions de retraite de l'armée italienne sont données par les chemins de fer :

Turin—Verceil—Casale;
Moncalieri—Alexandrie;
Bra—Alexandrie;
Mondovi—Carcare—Alexandrie.

Les têtes des défilés, c'est-à-dire Villanuova, à l'est de Moncalieri, Bra, et Mondovi—Ceva, sont les positions à défendre pour protéger la retraite.

L'armée italienne se trouverait de nouveau réunie dans les plaines d'Alexandrie. Elle pourrait y accepter la bataille sur un terrain connu et préparé à l'avance.

Dans ce cas, sa plus grande préoccupation doit être de conserver la liaison entre Alexandrie et Plaisance. Si l'ennemi parvenait à s'interposer entre les deux places, l'armée italienne serait perdue, comme le fut l'armée autrichienne en 1800.

Alexandrie n'a d'ailleurs aucune valeur comme défense stratégique. Il a souvent été question de la démanteler; on ne l'a conservée que comme place de mobilisation et magasin. Napoléon avait fait d'Alexandrie une place de premier ordre, parce qu'il la considérait comme la base d'une armée française opérant en Lombardie contre l'Autriche; aussi les Autrichiens voulaient-ils, en 1815, en faire raser les ouvrages. Alexandrie a été, en effet, de 1815 à 1859, le principal point d'appui du Piémont sur sa frontière de l'est.

Alexandrie, située à la poignée de l'éventail formé par les vallées du Pô, du Tanaro et des deux Bormida peut être tournée facilement : soit au nord, comme en 1800, soit au sud comme en 1796; elle peut être ensuite masquée et cette place n'aurait, vraisemblablement, qu'une influence fort restreinte sur les manœuvres d'une armée française qui aurait envahi le Piémont.

La forteresse comprend un corps de place bastionné et trois lunettes détachées à peu de distance. Dans son état actuel, elle serait à peine susceptible de résister à une attaque de vive force.

A Alexandrie se rattachent les positions de Casale, de Valenza, et de Bassignana.

Casale[1] commande un important passage du Pô, mais ses fortifications sont insignifiantes.

1 S'il existe, en Italie, une foule de villes fortifiées, ou, pour parler

Valenza et Bassignana ne sont pas fortifiées.

Si, après une bataille livrée près d'Alexandrie, l'avantage reste encore à l'attaque, la défense se transportera dans la région de Plaisance ayant son front sur la ligne Tessin—Pô—Staffora. Le Tessin est un obstacle sérieux que renforce l'ancienne place de Pavie; le pont de Mezzanacorte permet de manœuvrer à cheval sur le Pô, et le chemin de fer Pavie—Voghera favorise les mouvements latéraux.

Plaisance a été appelée, avec quelque exagération, la capitale militaire de l'Italie. Située, en plaine, au confluent du Pô et de la Trebbia, à l'extrémité orientale du défilé de Stradella, au point de jonction des chemins de fer de Milan et d'Alexandrie, et à la tête du chemin de fer de l'Émilie, appuyée au sud par les derniers contreforts des Apennins, couverte au nord par le Pô, Plaisance offre un excellent point d'appui à une armée battant en retraite par les deux rives du Pô et à laquelle les têtes de pont de Pavie sur le Tessin, de Pizzighettone sur l'Adda, de Crémone sur le Pô, conservent, d'ailleurs, une certaine liberté de manœuvres.

Plaisance contient de grands établissements militaires, mais ses fortifications sont anciennes; elles ne se composent, en certains endroits, que d'une escarpe sans fossés, avec des dehors en terre d'une importance fort médiocre.

Il faudrait compléter Plaisance par la mise en état

plus exactement, munies d'une enceinte, une foule de châteaux forts, de batteries de côte, etc., ces divers points ne sauraient être rangés dans la catégorie des forteresses répondant aux nécessités de la guerre moderne; appartenant, par leur nature et par leur état actuel, à un système suranné, ils ne remplissent aucune des conditions requises de nos jours.

(*Italicæ Res*, par le colonel von Haymerlé.)

de défense du défilé de la **Stradella**, à 24 kilomètres à l'ouest.

Entre Plaisance et la mer, l'épanouissement des Apennins forme un obstacle à peu près infranchissable pour une armée qui marche de l'ouest à l'est, tandis que la défense, étant maîtresse des deux positions de Plaisance et de Gênes, qui sont les bastions avancés de cet énorme massif, peut communiquer de l'un à l'autre par la vallée de la Trebbia et le col de la Scoffera; elle peut aussi, au moyen de la route de Bobbio à Varzi, descendre dans la Staffora et exercer une action de flanc dangereuse sur une armée en mouvement d'Alexandrie sur Plaisance par Stradella.

Le défilé de la Stradella est formé par les derniers contreforts des montagnes qui ne laissent, entre eux et le Pô, qu'un étroit passage. En faisant face à l'ouest, la gauche est très solidement assise sur les hauteurs qui se développent de Voghera à Stradella par Montebello et Casteggio. Le pays est très couvert; les vignes, cultivées selon la coutume italienne, c'est-à-dire étendant leurs rameaux d'arbre en arbre et rattachées par des fils de fer, entravent la marche de l'artillerie qui est absolument obligée de suivre les chemins. L'infanterie elle-même aurait une grande peine à avancer et ses efforts seraient forcément décousus. Toutes ces conditions sont très défavorables à l'attaque.

Plaisance a, comme annexe naturelle, **Pavie**, vieille place qui garde un pont de chemin de fer sur le Tessin.

Pizzighettone doit jouer sur l'Adda un rôle analogue à celui de Pavie sur le Tessin. Il n'y a que de vieux ouvrages.

Enfin, **Crémone** forme double tête de pont sur le Pô, en arrière de Plaisance. Cet ensemble pourrait devenir extrêmement fort, si les fortifications étaient à hauteur des exigences de la guerre moderne.

La position de Plaisance ne pouvant être que très difficilement tournée par le sud, étant difficile à attaquer de front, les opérations de l'attaque continueraient donc probablement sur la rive gauche du Pô, par un large mouvement tournant qui ne serait pas sans danger en présence d'un adversaire actif.

Cette manœuvre rappellerait celle qui a été exécutée par l'armée française en 1859 : les colonnes françaises, arrivant par Gênes et par le Mont-Cenis, se concentrèrent à Alexandrie. Une démonstration fut d'abord faite par la rive droite du Pô, sur la position de Stradella; elle amena le combat de Montebello; mais on ne se proposa pas d'attaquer de front cet important obstacle. L'armée fut transportée en chemin de fer d'Alexandrie à Verceil, en arrière de la Sesia, pendant que l'armée piémontaise protégeait son déploiement et livrait le combat de Palestro.

Le combat de Turbigo et la bataille de Magenta donnèrent la ligne du Tessin et Milan; l'armée autrichienne se replia jusqu'au Mincio. La position Plaisance—Stradella était ainsi tournée.

Enfin, dans l'étude des conditions stratégiques du bassin du Pô, il faut tenir particulièrement compte de la topographie du pays. Le terrain est coupé par une quantité de canaux d'irrigation, couvert d'arbres et de vignes hautes, qui ne permettent pas de voir à quelques centaines de mètres en avant et favorisent les surprises. Dans la campagne de 1859, les armées ennemies s'abordèrent plusieurs fois sans se douter, ni l'une ni l'autre, qu'elles étaient aussi rapprochées.

La marche n'est ordinairement possible que sur les routes, qui sont d'ailleurs bien entretenues, mais qui, bordées de larges fossés, forment autant de défilés. On ne peut guère manœuvrer à travers champs, ni tenter de mouvement tournant.

Les déploiements de longues colonnes sont lents et difficiles; on ne saurait employer la cavalerie en masse. Napoléon limite à 30,000 chevaux le chiffre des troupes à cheval à joindre à une armée opérant dans le bassin du Pô, et une armée qui voudrait marcher, manœuvrer, et combattre librement, en utilisant toutes ses forces, ne devrait pas avoir, a-t-il dit, un effectif supérieur à 200,000 hommes. Quant à l'artillerie, elle doit posséder une grande mobilité, et, pour cette raison, les Italiens ont adopté des pièces légères et des attelages à quatre.

Ces difficultés tactiques sont compensées par des facilités toutes particulières pour la subsistance des troupes. On trouve peu de blé, mais beaucoup de maïs, des ressources de toute espèce, et des bestiaux. On peut vivre longtemps sur le pays.

L'histoire des guerres d'Italie montre que la plupart des engagements consistent dans l'attaque ou la défense d'un pont, d'un défilé, d'un village ou d'une ligne d'eau. Les grandes batailles même ont toujours eu une allure particulièrement décousue.

Chemins de fer.

Le réseau de concentration des chemins de fer italiens sur la frontière de l'ouest se compose de **quatre** lignes indépendantes, dont trois conduisent au pied des Alpes et une dans la région d'Alexandrie. Ce sont :

A. La ligne Vérone—Milan—**Turin** ;
B. — Bologne—Plaisance—Alexandrie—**Turin** ;
C. — de la Corniche : Spezia—Gênes—Savone........................ } **Coni** ou **Vintimille** ;
D. — Mantoue—Crémone—Pavie—**Casale**.

Ce réseau se complète par les embranchements qui pénètrent dans les vallées alpines :

a. — Milan à Lugano (section de la ligne du Saint-Gothard) ;
b. — Milan } à Gravellona (section de la ligne projetée du
c. — Novare } Simplon) ;
d. — Novare à Varallo ;
e. — Santhia à Biella ;
f. — Chivasso à Aoste ;
g. — Turin à Cuorgne dans la vallée de l'Orco ;
h. — Turin à Lanzo dans la vallée de la Stura ;
i. — Moncalieri à Pignerol et Luserna ;
j. — Savigliano à Saluces et Coni.

Ce qui, avec les lignes de Bardonnèche, Coni, et Vintimiglia, donne treize stations sur la frontière occidentale.

Le réseau d'attaque est relié par les lignes de manœuvre suivantes :

A. — Coni—Turin—Chivasso ;
B. — Carru—Bra—Alba—Asti—Casale—Verceil. — C'est la ligne de manœuvre du Montferrat ;
C. — Savone—Alexandrie—Novare ;
D. — Gênes—Tortone—Pavie—Milan ;
Ces deux dernières établissent la liaison entre la mer et la vallée du Pô.
E. — Plaisance—Milan.

Le réseau de l'ancien royaume de Piémont est donc assez complet, mais il ne se raccorde aux chemins de la Péninsule que par des communications encore précaires :

Spezia—Pise—Rome (le long de la côte occidentale);
Bologne—Florence (par le défilé de Porretta);
Bologne—Ancône—Rome (par la côte de l'Adriatique).

Les lignes Spezia—Pise et Bologne—Ancône, construites le long de la côte, sont exposées aux attaques des flottes ennemies et faciles à détruire [1]. On ne peut donc compter sur elles d'une manière absolue. Quant à la ligne centrale Bologne—Florence, elle est établie avec des pentes rapides et de nombreuses courbes; elle n'a d'ailleurs qu'une voie, et ne se prêterait que difficilement à un transport stratégique de quelque durée. On est obligé d'employer des machines spéciales, et chaque train ne peut être composé que de treize voitures. On a calculé que la puissance de rendement de cette ligne n'était que la moitié de celle d'une ligne ordinaire, et qu'il faudrait huit jours pour porter de Pistoïa à Bologne un corps de 60,000 hommes; il serait plus rapide de le faire marcher par étapes.

La concentration de l'armée italienne sur la frontière nord-ouest, serait donc lente et difficile; on a estimé, étant donnée la répartition actuelle des troupes, que la mobilisation et la concentration de l'armée active exigeraient environ quinze jours; d'autre part, les réserves ne peuvent entrer en ligne que du 23e au 24e jour [2].

[1] Il n'existe pas moins de 64 tunnels de Vintimille à Gênes et 9 de Gênes à Spezia.

[2] Voir à la fin du volume l'organisation de l'armée italienne.

D'après les calculs d'officiers italiens, la ligne de la Méditerranée pourrait transporter en cinq jours 50,000 hommes.

La ligne de l'Adriatique, en cinq jours, 80,000 hommes.

La ligne intermédiaire, en cinq jours, 35,000 hommes.

La ligne Udine—Turin, en quatre jours, 60,000 hommes.

Ce qui donnerait un total de 225,000 hommes, en cinq jours.

Le matériel des chemins de fer ne suffirait pas à une concentration rapide comparable à celle des Allemands ou des Français sur leurs frontières communes. Les lignes sont à une voie (à l'exception de celle de Gênes à Alexandrie), avec courbes nombreuses, d'un faible rayon, et pentes rapides; elles ne se prêtent pas à un transit actif. Les gares sont défectueuses, les stations manquent de dégagement [1].

Les Italiens font de grands efforts pour améliorer leur réseau de chemins de fer.

Une voie ferrée est actuellement en construction de Spezia à Parme. Une autre voie doit relier Spezia à Pise, derrière les Alpes Apuanes par Sarzane et Lucques.

On achève, en ce moment, la ligne Florence—Faenza, qui doublera celle de Poretta.

Enfin, on pose une double voie sur le chemin de fer qui relie Naples à Chiusi, par Rome.

[1] Il y a des quais militaires à Alexandrie, Asti, Casale, Cavallermaggiore, Ceva, Chivasso, Novare, Novi, Pavie, Plaisance, San Pier d'Arena, Cairo, Savone, Serravalle, Tortone, Verceil, Voghera.

CONSIDÉRATIONS

SUR LA FRONTIÈRE DU NORD-EST.

LOMBARDIE. — VÉNÉTIE. — FRIOUL.

Au nord et à l'est, l'Italie confine à la Suisse et a la monarchie austro-hongroise.

Le tracé de la frontière laisse à la Suisse les vallées supérieures du Toce et du Tessin, y compris une partie du lac Majeur et la moitié du lac de Lugano. La vallée de l'Adda tout entière et celle de l'Oglio sont à l'Italie; près des sources de l'Adda, commence la limite autrichienne qui englobe les sources du Chiese, le nord du lac de Garde, tout l'Adige supérieur, et quelques vallées supérieures des tributaires du Piave et du Tagliamento. Une partie du versant méridional des montagnes est ainsi entre des mains étrangères; mais la neutralité suisse couvre l'Italie sur une assez grande étendue.

Les conditions stratégiques de la frontière autrichienne de l'Italie sont toutes différentes de celles de sa frontière française.

A l'est et au nord-est, l'Italie ne possédant pas la crête des Alpes, ne peut organiser que difficilement la défense de la zone alpine. Par le Tirol, l'Autriche tourne toutes les défenses de la Vénétie et du Frioul; en quelques marches, ses armées peuvent être sur le Pô avant que les Italiens aient pu se concentrer [1].

L'Autriche était l'ennemie héréditaire de l'Italie;

[1] Voir *Géographie militaire*, tome IV, ce qui concerne le Tirol et la frontière austro-italienne.

elle en a dominé les plus belles provinces jusqu'à nos jours. Ce sont les victoires françaises de Magenta et de Solférino qui ont commencé l'affranchissement du sol italien; cependant, dix ans plus tard, se produit une singulière évolution de l'esprit politique de l'Italie. L'ennemi qu'elle affecte de craindre n'est plus l'Autriche, mais la France; c'est la frontière française qu'elle fortifie, c'est contre la France qu'elle prépare ses moyens militaires. Elle est, au contraire, devenue l'alliée de l'Autriche et elle ne paraît prendre aucune précaution sur sa frontière du nord-est.

Il existe pourtant, en Italie, un parti actif et bruyant qui prétend ne regarder cette frontière que comme provisoire et ne dissimule nullement son désir de revendiquer, aussitôt que les circonstances le lui permettront, tout le versant méridional des Alpes, c'est-à-dire le Trentin et le bassin de l'Isonzo, y compris Trieste, sous prétexte que ces pays font partie du domaine *naturel* de l'Italie. Il sera cependant toujours difficile de considérer la Wintschgau, le Wippthal, le Pusterthal comme des pays italiens, et la frontière qui couperait en deux le Pusterthal, laissant à l'Italie le versant du Rienz, à l'Autriche celui de la Drave, ne pourra jamais, au point de vue géographique, ni au point de vue ethnographique, être une limite logique.

Il est à reconnaître toutefois que, lors du tracé de la frontière, l'Autriche, dans un intérêt stratégique, a tenu à conserver une partie des hautes vallées du versant italien, toutes les fois que ces vallées ouvraient des communications faciles d'un versant à l'autre, comme par exemple dans le val Sugana et dans le val d'Ampezzo. Le tracé sur la ligne de faîte a, au contraire, été adopté dans les autres cas, comme par exemple dans le massif de la Marmolade, entre le val Fassa et le val d'Agordo.

Quant à Trieste, bien qu'habité en majeure partie par des populations de langue latine, comme d'ailleurs tout le littoral de l'Adriatique, elle appartient à l'Autriche depuis 1382. Cinq cents ans de possession doivent être, pour les maîtres actuels, un droit qu'ils laisseront contester d'autant plus difficilement que dans les faubourgs même de la ville, la population est de race slave; les gens de négoce établis à Trieste appartiennent d'ailleurs à des nationalités variées. Ils semblent se soucier fort peu d'être rattachés à la patrie italienne. Trieste, déclaré port franc, est pour eux une sorte de territoire neutre sur lequel leurs affaires prospèrent, et ils n'ont rien à espérer de mieux d'un changement de condition.

D'autre part l'Italie doit naturellement désirer modifier le tracé d'une frontière qui rend impossible la défense de la Vénétie et du Frioul; les Italiens n'ont actuellement aucune place forte dans cette région et ils se contentent d'affecter quelques compagnies alpines[1] à la défense des hautes vallées.

Lorsque l'Autriche était maîtresse de la Vénétie, elle avait organisé d'une manière fort sérieuse la défense des débouchés méridionaux du Tirol et la ligne du bas Adige. Le fameux quadrilatère, formé par les places de Peschiera—Vérone—Mantoue—Legnagno, en arrêtant, en 1859, l'armée française victorieuse, permit l'ouverture des négociations qui amenèrent la paix de Villafranca; mais, entre les mains des Italiens, auxquels il fut cédé après les événements de 1866 (sans qu'aucune place ait été prise), le quadrilatère ne sau-

[1] Voir à la fin du volume l'organisation des compagnies alpines.

rait jouer le même rôle, puisque maîtres du Tirol, les Autrichiens peuvent le tourner à l'est ou à l'ouest.

On a proposé de démanteler Vérone; mais cette place barre le chemin de fer Trente—Mantoue; elle forme un bon point d'appui pour la ligne de l'Adige; elle peut, sinon arrêter, du moins immobiliser une partie notable des forces envahissantes et, par conséquent, protéger la concentration des armées italiennes. A ce point de vue, il était utile de les conserver.

Pour se porter en avant jusqu'au Tagliamento, il faudrait que les Italiens fussent maîtres, non seulement du Tirol, mais encore de la haute vallée du Piave.

En 1797, lorsque Bonaparte marchait contre l'archiduc Charles qui occupait la ligne du Tagliamento, il envoya Masséna dans la vallée du Piave, tandis que Joubert débloquait le Tirol [1].

La première ligne de défense à occuper par les Italiens paraît donc se trouver sur les monts Berici et Euganei, en avant de l'Adige. La ligne de l'Adige est renforcée par les ouvrages de Vérone, Legnago, Badia, et Boara; en arrière, le Naviglio Bianco et le Pô permettent de tendre des inondations.

Plus en arrière, le **Serraglio**, avec Mantoue et Borgoforte, permettrait à une armée battue sur l'Adige, de prendre une position de flanc sur l'ennemi et de gêner sa marche sur Bologne.

[1] Masséna, après avoir rempli sa mission et n'ayant pas trouvé praticables les chemins de la haute vallée entre Piave et Tagliamento, revint par Serravalle, et, se portant rapidement vers les sources de l'Isonzo, il coupa la retraite à une division de l'archiduc Charles et la força à mettre bas les armes.

La position de concentration des armées italiennes dans le cas d'une guerre localisée sur la frontière orientale est indiquée, l'extrême gauche à Brescia gardant les routes de l'Oglio et du Chiese, le centre à Mantoue, la droite au nord de l'Adige, aux environs d'Este, avec un corps indépendant dans la Valteline et des troupes légères défendant les défilés des montagnes entre l'Adige et le Tagliamento.

Dans le cas où l'Italie aurait à craindre une attaque combinée par ses frontières du nord-est et du nord-ouest, la position de Plaisance serait prise à revers par une attaque débouchant par le val Camonica ou par le Chiese, de même que la position du Serraglio, menacée simultanément par l'est et par l'ouest, perdrait ainsi une grande partie de ses propriétés défensives. Les Italiens seraient alors obligés d'abandonner le pays au nord du Pô et de se former sur la rive droite du fleuve, la gauche à Plaisance et à Bobbio faisant face à l'attaque française, le centre en arrière de Mantoue, la droite du côté de Ferrare. Il n'est guère opportun de prévoir une éventualité de cette nature.

Le réduit de la défense de l'Italie supérieure est **Bologne**; c'est du moins la poterne du principal passage des Apennins et une sorte de caponnière flanquante pour les autres. Adossée aux Apennins, au débouché du chemin de fer de la Porretta, difficile à investir, cette place n'est entourée actuellement que de fortifications sans grande valeur. Depuis longtemps, il est question de les transformer. Quelques travaux ont été commencés sur les hauteurs du sud, ils n'ont pas été continués.

ITALIE PÉNINSULAIRE

L'ennemi, une fois maître de l'Italie supérieure, ayant en son pouvoir les villes de Plaisance, de Mantoue, de Venise, la grande guerre serait finie: Les opérations dans l'Italie centrale et dont Rome, comme capitale, serait l'objectif, n'auraient sans doute qu'un caractère secondaire.

On est généralement habitué à voir dans la capitale d'un État, le point vers lequel doit tendre l'ennemi pour imposer la paix. Il en a été ainsi pour la France, parce que Paris exerce sur le reste du pays une influence exceptionnelle; cependant Berlin et Vienne ont été pris par l'étranger sans entraîner, par leurs chutes, la ruine des monarchies de Prusse et d'Autriche. Il est difficile de prévoir quel rôle **Rome** serait appelée à jouer dans des circonstances analogues.

L'importance de Rome est, d'ailleurs, considérable, et voici quelle était l'opinion de Napoléon à ce sujet : « Rome est centrale; elle est à portée des trois grandes îles de Sardaigne, de Corse, et de Sicile; elle est à portée de Naples, la plus grande population d'Italie; elle est dans un juste éloignement de tous les points de la frontière attaquable, soit que l'ennemi se présente par la frontière française, la frontière suisse, ou la frontière autrichienne; la frontière des Alpes forcée, elle est garantie par la frontière du Pô et enfin par la frontière des Apennins. De Rome les dépôts d'une grande capitale pourraient être transportés sur Naples et sur Tarente pour les soustraire à un ennemi vainqueur... »

Dans la pensée de Napoléon, Rome devait devenir le centre militaire de l'Italie. Mais elle a le grand inconvénient d'être trop près de la mer et par conséquent d'être exposée à une attaque par débarquement.

Si l'on admet que l'ennemi a franchi les Apennins pour marcher sur Rome, il est certain qu'à ce moment les forces du royaume auront déjà été épuisées par les combats livrés dans l'Italie supérieure et que le pays sera presque réduit. La résistance de Rome ne sauverait pas l'Italie; elle lui permettrait tout au-plus de prolonger la lutte de quelques jours en vue des négociations à engager. Il était d'ailleurs utile de mettre la capitale à l'abri d'un coup de main d'une attaque maritime; le gouvernement italien a donc décidé d'entourer Rome d'une ceinture de forts détachés. Ceux de la rive droite du Tibre sont sur une ligne de hauteurs, ayant une centaine de mètres de relief, et qui marquent, en quelque sorte, le commencement des solitudes de la campagne romaine.

Construits avant l'adoption des nouveaux explosifs, ces ouvrages n'ont pas une valeur suffisante. En outre, ils sont trop rapprochés de la ville (2 à 3 kilomètres) pour la mettre à l'abri d'un bombardement. On les remanie actuellement et il est déjà question de créer une nouvelle ligne de forts en avant des ouvrages actuels.

FORTIFICATIONS DE ROME

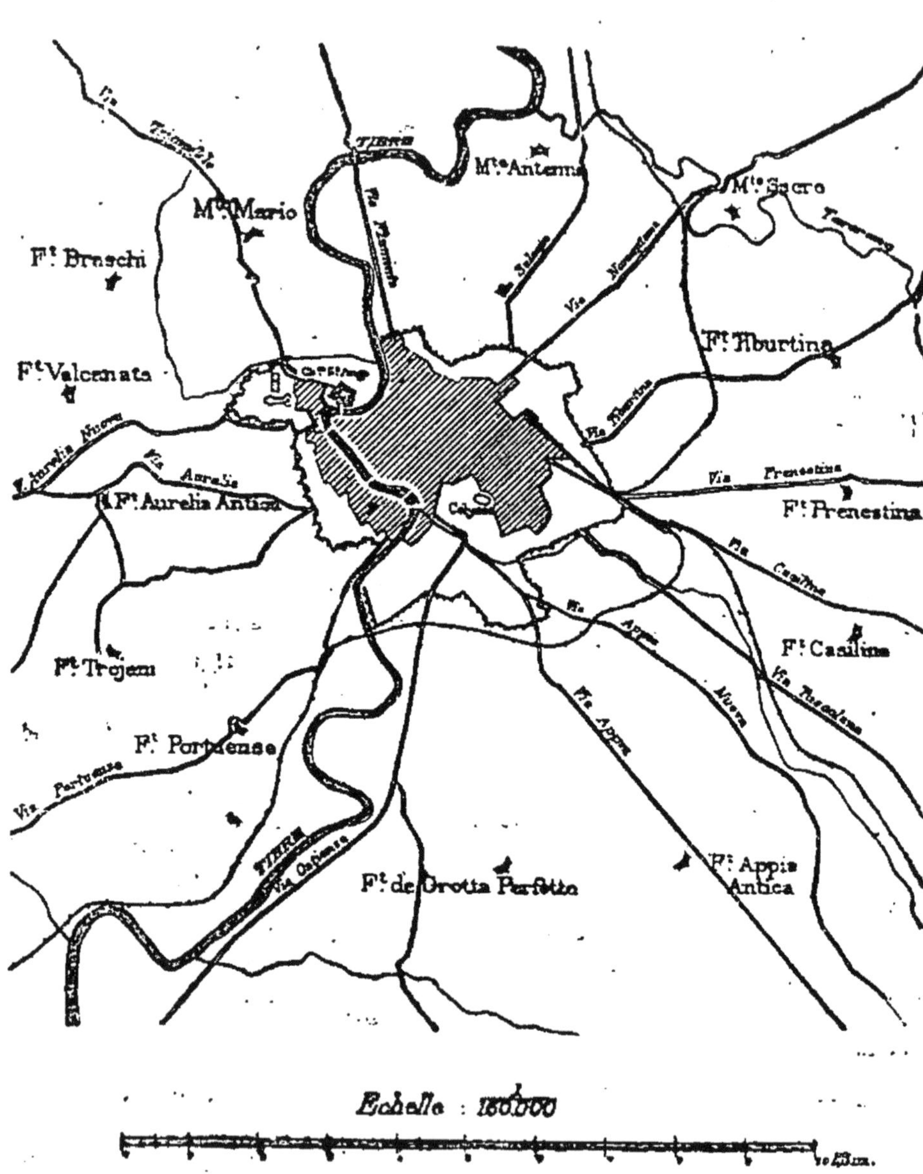

Échelle : 1/80000

ITALIE CENTRALE.

On donne le nom d'Italie centrale à la portion péninsulaire située entre les Apennins Toscans et la ligne marquée par les vallées du Sangro et du Garigliano ; elle comprend la Toscane, les Marches, l'Ombrie, et les Abruzzes.

Les Apennins Toscans forment un excellent rempart de protection. A l'époque romaine, de peur d'en affaiblir la valeur, il n'avait été construit aucune voie les traversant.

Sur le versant de la mer Tyrrhénienne, la vallée de l'Arno limite les Apennins proprement dits.

On désigne sous le nom de **Subapennins Toscans** l'ensemble des massifs collinaires qui accidentent la Toscane. Ce sont des collines arrondies de terrains tertiaires, grès, argiles, marnes, poudingues, d'un gris terne, sans verdure, très irrégulièrement disposées, formant une sorte de plateau inégal, découpé et creusé par les eaux, percé par des éjections volcaniques, particulièrement au sud de l'Ombrone où se trouve, au cône trachytique du mont Amiata (1734^{m}), le point culminant de la région.

Le sol de la Toscane est riche en veines métallifères, en salines, en sources minérales et thermales de toute espèce. Dans le bassin de la Cecina se trouvent les célèbres *soffioni* ou fumarolles, jets d'eau et de vapeurs naturelles qui forment les *lagoni* dans lesquels se recueille l'acide borique ; l'exploitation de ce produit constitue une des principales richesses de la Toscane.

La côte est bordée d'îles rocheuses, dont quelques-unes, rattachées à la terre ferme par des apports modernes, forment de remarquables promontoires comme celui de **Piombino**, en face l'île d Elbe, et celui du monte **Argentaro**.

Dans maintes parties basses de la Toscane, et, plus au sud,

les eaux, réunies dans de petits bassins d'effondrement, ou dans des cratères éteints, ont formé des lacs, des marais, et, sur le bord des côtes, des lagunes dont les miasmes pestilentiels sont fort pernicieux. Quelques lacs existent encore, entre autres, le lac Bientina, qui communique avec l'Arno et le Serchio.

De grands travaux de desséchement et de colmatage ont permis de rendre à l'agriculture une partie des terres marécageuses ; ceux qui ont été exécutés à partir du milieu du siècle dernier pour l'assainissement du Val di Chiana sont des plus remarquables.

Les **Maremmes**, entre les deux promontoires de Piombino et d'Orbitello, sont toujours très malsaines.

Apennins Romains et Abruzzes.

Des sources du Tibre au cours du Sangro, les Apennins dessinent une arête régulière dont la forme est exactement répétée par la côte de l'Adriatique. Le promontoire d'Ancône indique le croisement des deux directions principales de plissement : l'une orientée du nord-ouest au sud-est, l'autre à peu près exactement du nord au sud ; cette dernière partie des montagnes est plus particulièrement désignée sous les noms de monts **Sibillins** entre le Chienti et le Tronto, et d'**Abruzzes** plus au sud. Leurs contreforts se prolongent jusqu'à la côte et forcent souvent la route et le chemin de fer à passer en corniche. Elles montrent presque toujours des roches mises à nu par un déboisement excessif et irréparable, la terre végétale ayant été entraînée par les torrents.

Le versant de la mer Adriatique est beaucoup plus raide que le versant opposé ; on appelle cette région les **Marches**, et leur nom rappelle les luttes fréquentes livrées sur cette frontière de l'Italie centrale.

Aux sources du Tibre, les cimes des Alpes de la **Luna** se pyramident au mont **Comero** (1207^{m}) et au mont **Nerone** (1526^{m}).

Au mont **Catria** (1702m), à peu près à la latitude d'Ancône, la chaîne se partage en deux crêtes, coupées tantôt par les affluents du Tibre, tantôt par les torrents tributaires de l'Adriatique ; de sorte que ni l'une ni l'autre ne détermine la ligne de partage des eaux ; le chemin de fer d'Ancône à Rome les traverse en tunnel, à l'altitude de 535 mètres (col de Fossato 582m).

La chaîne orientale a pour sommets principaux le mont **Vettore** (2,480m) qui domine au nord la Via Ascalane, et le mont **Corno** appelé aussi **Gran Sasso d'Italia** (2,926m), souvent couronné de neiges, point culminant de l'Italie péninsulaire. C'est dans la partie qui lui fait face que la chaîne occidentale atteint aussi les altitudes les plus grandes ; le mont **Velino** est à 2,488 mètres.

Entre ces deux chaînes s'étend le plateau des **Abruzzes** qui est creusé par la longue vallée longitudinale d'Aquila[1] ou **Conca Aquilana**, véritable forteresse centrale de l'Italie, dans laquelle on ne pénètre que par trois portes naturelles : par la gorge d'**Antrodoco** en venant de Rome, par le plan **di Cinque Miglia** en venant de Naples, et par la gorge de **Popoli** qui donne passage, à l'est, aux eaux de la Pescara. Une quatrième route a été ouverte au nord du Gran Sasso, entre Aquila et Teramo, sur le versant de l'Adriatique.

Le massif de la **Maïella** (mont Morrone 2,795m), dont la direction est perpendiculaire à la côte, c'est-à-dire parallèle au cours du Sangro, limite au sud le plateau des Abruzzes. C'est un groupe d'une soixantaine de montagnes embrassant un périmètre de 100 kilomètres environ.

Les différents étages jurassiques, crétacés, et tertiaires, se succèdent régulièrement sur le flanc oriental des Apennins.

Du côté de l'ouest, les chaînes subapennines s'affaissent plus lentement ; les vallées des rivières sont plus longues et s'évasent souvent en plaines entourées d'amphithéâtres de collines, comme, par exemple, la célèbre plaine de Foligno.

[1] La ville d'Aquila, fondée par Frédéric II, ressemblait, dit-on, à une aire « d'aigle »; c'est ce qui a motivé son nom.

Quelques sommets élevés dominent encore ces vallées; les montagnes de la **Sabine** (1020^{m}) séparent le cours inférieur du Tibre du bassin de son affluent, la Nera. Puis, aux terrains calcaires, succèdent les terrains volcaniques. Ceux-ci se sont formés par des épanchements de laves sous les eaux à l'époque où se déposaient les terrains calcaires; les cônes volcaniques sont reliés les uns aux autres par d'épaisses couches de tufs, parallèlement au littoral, sur un espace d'environ 200 kil., du mont Amiata jusqu'aux monts d'Albano. Les strates volcaniques ne sont interrompues que par le cours du Tibre et par les alluvions déposées sur ses bords.

La région des volcans romains se distingue par les nombreux bassins lacustres qu'elle renferme, cratères volcaniques ou cratères d'effondrement qui ont été comblés par les eaux; tous ont une très grande profondeur. Les plus importants sont, au nord du Tibre : le lac **Bolsena** qui a 40 kil. de tour et dont les eaux s'écoulent vers la Méditerranée par la Marta, le lac de **Vicco**, le lac **Bracciano** (profondeur 250^{m}); et, au sud du Tibre, les lacs d'**Albano** et de **Nemi**. Le lac d'Albano déverse son trop-plein dans la mer par un canal souterrain.

Les lacs de la région calcaire ne sont, au contraire, que des nappes sans profondeur. Le grand lac de **Trasimène**, entre le Tibre et le val di Chiana, n'a que 8 mètres de fond sur une superficie de 120 kil. car. On en a entrepris le desséchement. Déjà, les eaux du lac **Fucino** ont été conduites dans le Liri, affluent du Garigliano; le desséchement en a été complètement terminé en 14 années, de 1855 à 1869.

Enfin, au delà de la région volcanique, reparaissent des collines calcaires. Entre le Garigliano et la mer, le massif des monts **Lepini** ou monts des Volsques — (point culminant à 1477^{m}) — se prolonge par les monts **Ceprei** et le mont **Petrella** (1300^{m}) au nord de Gaëte, et isole de la mer les routes qui remontent la vallée du Garigliano.

Le promontoire du mont Circeo (540^{m}), célèbre dans les légendes anciennes, sépare les lagunes insalubres des **Marais-Pontins** et les **Maremmes** de Terracine.

Les environs de Rome, que l'on connaît sous le nom de **Campagne romaine** ou **Agro romano**, sont aujourd'hui déserts et empestés ; autrefois, pourtant, ces plaines étaient riches et populeuses, mais, par différentes causes, la culture en a été successivement négligée et le marais a envahi les bas-fonds. La côte qui était autrefois bordée des palais des patriciens romains, entre les bouches du Tibre et Terracine, n'est plus qu'un rivage désolé.

Versant de la mer Tyrrhénienne.

Nous avons énuméré plus haut les cours d'eau côtiers jusqu'au golfe de Spezia. Plus au sud, les rivières ont un cours plus long et acquièrent plus d'importance.

La **Magra** descend de Pontremoli et ouvre la très importante route de Cisa qui conduit de Spezia à Parme. Elle passe à Aulla, ancienne forteresse toscane située au confluent de l'**Aulletta** (r. g.), dans la vallée de laquelle débouche la route de Reggio par le Cerretto. A Vezzano, elle reçoit (r. d.) la **Vara**, qui vient de Varese et ouvre une route sur Chiavari. Elle passe près de Sarzana et finit au sud du golfe de Spezia.

Le **Serchio** coule d'abord parallèlement à la crête dans une belle vallée appelée la Garfagnana, d'où partent les importantes routes de San Pellegrino, de Rondinaia, et de Fiumalbo, qui se réunissent à Pieve Pelago dans la vallée supérieure d'un torrent tributaire du Panaro, et se prolongent sur Modène. Le Serchio passe à Castelnuovo et à Lucques ; il finit au sud de la plage de Viareggio.

Il reçoit (r. g.) dans sa vallée supérieure, la **Lima** qui vient du col de l'Abetone et passe à San Marcello, nœud des routes de Pistoïa, de Pescia, et de Lucques par la Lima.

L'**Arno** naît au mont Falterona, passe à Prato Vecchio et Poppi ; sa vallée supérieure ou **Cosentino**, resserrée entre les monts de Catenaja (r. g.) et le Prato Magno (r. d.), communique par des routes muletières avec Bagno in Romagna sur le Savio, et avec le haut Tibre. L'Arno enveloppe le pittoresque massif du Prato Magno et laisse sur sa gauche Arezzo. Cette ville, importante depuis l'antiquité, est située dans une riche plaine à l'entrée du Val di Chiana qui est un ancien lit de l'Arno, longtemps marécageux, aujourd'hui asséché et traversé par le *canal maëstro di Chiana* qui fait communiquer l'Arno et le Tibre par Chiusi et Orte. Arezzo est un nœud de routes importantes qui divergent dans toutes les directions, et une position naturelle de rassemblement pour les réserves d'une armée qui doit défendre le versant méridional de l'Apennin, ou pour celles d'une armée qui, opérant offensivement, marche sur Rome après avoir traversé les Apennins.

A Pontassieve, où se termine la boucle de l'Arno, vient tomber (r. d.) la **Sieve**, dont la vallée, appelée le **Mugello**, a une grande importance. A San Piero a Sieve aboutissent les routes de Bologne par la Futa et d'Imola par Firenzuola. Leur débouché était défendu autrefois par l'ancien fort de San Martino ; elles se réunissent et se prolongent directement sur Florence en traversant le Prato Magno. A San Lorenzo arrive la route de Faënza par Marradi ; à Dicomano celle de Forli par San Godenzo ; à Pontassieve la route de Prato Vecchio, sur le haut Arno. Dicomano est à la tête du défilé par lequel la Sieve traverse une avant-chaine pour se réunir à l'Arno.

L'Arno, coulant ensuite de l'est à l'ouest, arrose Florence au centre d'une belle plaine ; il reçoit (r. d.) le **Bisenzio** qui correspond par ses sources à un affluent du Reno et débouche des montagnes à Prato, et l'**Ombrone** qui vient de Pistoïa, nœud de routes et de chemins de fer.

Le principal affluent de gauche est l'**Elsa**, qui descend du plateau de Sienne, passe à Colle di Val Elsa et Poggibonsi, nœud des routes de Sienne, de Volterra, et de Florence ; elle est suivie par le chemin de fer de Sienne.

L'Arno laisse, à gauche, San Miniato et reçoit (r. d.) la **Pescia** qui passe à Pescia et ouvre une route sur San Marcello par le col de Pruneta. Sa vallée marécageuse est séparée de celle de l'Ombrone par le petit massif du mont Albano.

En aval de Pise, l'Arno se jette dans la mer en traversant des terres marécageuses et insalubres.

. Il passe au pied des monts Pisans que contourne un canal naturel par lequel le petit lac di **Bientina** communique avec le Serchio et l'Arno.

La **Cecina** descend du plateau de Toscane.

L'Ombrone toscan passe à Grosseto, ancienne ville forte.

Les cours d'eau suivants, jusqu'au Tibre, ont peu d'importance.

La **Marta** est le déversoir du lac Bolsena.

Le **Tibre** prend sa source dans les Alpes de la Luna, au mont Comero, coule du nord au sud, passe à Pieve San Stefano, à Borgo San Sepulcro, Citta di Castello, Pérouse, défendue par une citadelle. Il devient navigable à Orte, confluent de la Nera, passe à Rome, et se jette dans la mer par deux bras ensablés, à Fiumicino et Ostie. Il reçoit de nombreux affluents sans grande importance.

Le Tibre ouvre, par sa vallée supérieure, la route de la Bocca Trabaria, entre Arezzo, Urbino, et Pesaro. Cette haute vallée, qui ne communique avec le Savio et la Marecchia que par des chemins muletiers, acquerra une très grande importance lorsque des routes carrossables seront ouvertes. Ce sera une position centrale d'où l'on pourra surveiller simultanément la Romagne et les Marches, la haute vallée de l'Arno et les routes de Rome.

Les principaux affluents du Tibre sont : le **Chiascio** (r. g.), qui ouvre la route de la Scheggia entre Pérouse, Gubbio, et la vallée du **Metauro** ; le Chiascio reçoit le Topino et la Maroggia.

Dans la vallée du **Topino** se trouve Foligno, important nœud de routes et de chemins de fer, dans une belle combe qui forme place d'armes naturelle, au débouché du chemin de fer et des routes d'Ancône.

Pérouse et Foligno indiquent la position centrale à occuper pour défendre les routes du lac de Trasimène, du Tibre supérieur et des Marches, afin de couvrir Rome vers le nord.

La **Nera** (r. g.) descend des monts Sibyllins, passe à Terni, important nœud de routes, fabrique d'armes; la rivière s'engage à Narni, dans une gorge profonde, et finit dans le Tibre, à Orte. Son affluent, le **Velino**, ouvre la route d'Aquila et passe à Rieti. La position Rieti—Terni couvre Rome du côté des Abruzzes.

Entre le val di **Chiana** et le Tibre est le lac **Trasimène** (257^m).

Le **Garigliano**, formé du **Liri** et du **Sacco**, passe à Ponte Corvo et ouvre, par la direction de son cours, une ligne naturelle d'opérations pour pénétrer du royaume de Naples dans la Campagne romaine, et réciproquement.

La vallée du Sacco est suivie par le chemin de fer de Rome par Frosinone et Velletri.

Versant de l'Adriatique.

La **Marecchia** descend des monts de la Luna et finit à Rimini ; dans son bassin, sur une hauteur, la ville de San Marino, chef-lieu d'un petit État libre.

Au sud de la Marecchia, la côte de l'Adriatique est couverte par les contreforts de l'Apennin.

Le **Metauro** est formé de la réunion de la **Meta** et du **Tauro**. Sa vallée communique avec celle du Tibre par la Bocca Trabaria ; il passe à Urbania, laisse Urbino sur une hauteur (r. g.) ; à Calmazzo, se détache la route de Pérouse par la Scheggia.

L'**Esino**, qui finit au nord de Falconara, est suivi par le chemin de fer de Foligno.

Le **Chienti** passe à Tolentino ; il est remonté par la route de Foligno, qui traverse la crête à Colfiorito. A son embouchure est une assez bonne plage de débarquement.

Les vallées de l'Esino et du Chienti communiquent par de bonnes traverses, qui se croisent dans la vallée intermédiaire de la **Potenza**.

Le **Tronto** passe à Ascoli, finit à Tronto, et ouvre la route de Spolète (via Ascalana), par le col San Pellegrino.

Le torrent du **Tordino** passe à Teramo, finit à Giulianova, il est longé par une route de construction récente, qui conduit à Aquila par la haute vallée du Vomano, à travers le massif du Gran Sasso.

Entre le Tronto et le Tordino se trouve l'ancienne place forte de Civitella del Tronto, qui fut la dernière position défendue par les troupes du roi de Naples, en 1861.

La **Pescara**, formée de deux rivières, l'**Aterno** et le **Gizio**, sort de la Conca Aquilana par les gorges de Popoli ; elle laisse Chieti à droite et finit à Pescara. L'Aterno, qui passe à Aquila, et le Gizio, qui arrose Solmona, coulent à la rencontre l'un de l'autre, dans la Conca Aquilana, et, après s'être réunis, se replient perpendiculairement pour traverser les gorges de Popoli. L'Aterno ouvre la route d'Antrodoco, et le Gizio celle du Plan di Cinque Miglia, qui conduit à Naples.

Le **Sangro** arrose Castel di Sangro, passage de la route d'Aquila à Naples.

Routes des Apennins Toscans.

Les Apennins Toscans sont percés par plusieurs routes, qui suivent de longs défilés et manquent de communications transversales.

Nous avons dit qu'aucune voie romaine ne traversait ces montagnes, parce que les Romains n'avaient pas voulu affaiblir ce rempart naturel de l'Italie en y ouvrant une brèche ; cependant, Annibal réussit à faire passer son armée par les sentiers qui descendent dans la vallée de l'Arno.

Depuis, et à différentes époques, cette muraille fut franchie maintes fois par des armées d'invasion, qui n'y rencontrèrent que peu ou point de résistance.

Deux routes viennent aboutir à Spezia :

L'une part de Parme, remonte la vallée du Taro par Fornoue, passe au col de la **Cisa** (1041^{m}) et descend, par Pontremoli, dans la vallée de la Magra. Elle communique, par une traverse muletière, avec Borgotaro et la route des Cent-Croix. La petite place d'Aulla, située au confluent de la Magra et de l'Aulletta, en commande le débouché. Son action a été récemment renforcée par un ouvrage construit au sud de la place, au monte Bastione. On a projeté la construction d'ouvrages au col de la Cisa.

Un chemin de fer, actuellement en construction, doublera prochainement cette route.

C'est par la route de la Cisa que Charles VIII, en 1494, au retour de son expédition de Naples, traversa les Apennins. Les confédérés italiens cherchèrent à lui barrer le passage. Il les battit à Fornoue, au débouché nord des montagnes.

Trois siècles plus tard, c'est par cette même direction que Macdonald, évacuant l'Italie péninsulaire, devait chercher, mais sans succès, à se rouvrir un passage vers la Haute Italie.

La deuxième route part de Reggio, remonte la vallée de la Secchia, passe à Castelnuovo nei Monti et au col de **Cerreto** (1400^m). Elle descend par Fivizzana sur Sarzana et communique avec Aulla, Carrara, et Massa.

Les routes de Modène et de Bologne à Pise et à Florence viennent converger dans les bassins du Serchio, de l'Ombrone florentin ou de la Sieve.

La route de Modène à Pise, suivant le contrefort entre Secchia et Panaro, passe à Pavullo, Barigazzo, et à **Pieve Pelago** sur un affluent supérieur du Panaro. De ce dernier point partent trois chemins carrossables par les cols de San Pellegrino, de Rondinaia, et de Fiumalbo.

La route de **San Pellegrino** conduit à Castelnuovo sur le Serchio ; celle de **Rondinaia** conduit directement aux bains de Lucques ; celle de **Fiumalbo** conduit par le défilé de l'**Abetone** aux sources de la Lima et à San Marcello, d'où elle se bifurque à gauche par les sources du Reno et le col de Piastres sur Pistoïa, à droite par Pruneta sur Pescia et Lucques. C'est la plus importante.

Pieve Pelago sur le versant nord, au pied du mont Cimone, Castelnuovo dans la vallée du Serchio, San Marcello dans celle de la Lima, sont les positions à occuper pour défendre ces routes.

Deux routes conduisent de Bologne à Florence, l'une par Pistoïa et l'autre directement par le col de la **Futa**.

La route de Bologne à Florence par Pistoïa remonte d'abord la vallée du Reno, passe à Vergato, à **Poretta**, traverse le col du mont Vestillo et aboutit à Pistoïa. Elle est doublée par le chemin de fer de Bologne à Florence, ligne à une seule voie, à fortes rampes, avec nombreux tunnels et ouvrages d'art, sur laquelle on ne peut compter d'une manière asbolue pour un transport régulier de troupes.

En 1799, une série de revers avait obligé l'armée de Moreau à évacuer la Lombardie. Il s'était successivement replié par la rive gauche du Pô, sur l'Adda et sur le Tessin, puis avait franchi le Pô et opéré sa retraite sur Gênes. De son côté, Macdonald, avec l'armée de Naples, avait dû évacuer l'Italie péninsulaire, pour ne pas s'y trouver bloqué, et, en même temps, pour venir renforcer l'armée affaiblie de Moreau.

Les Austro-Russes étaient maîtres de la Lombardie et des débouchés de l'Apennin, à l'exception de Bologne et du fort Urbano, près de Modène. Ils arrivaient à Plaisance. Quelques-unes de leurs têtes de colonne avaient même pénétré sur le versant méridional, dans le bassin de la Vara, jusqu'à Borghetto. Le chemin de Gênes à Spezia n'était alors qu'un mauvais sentier, impraticable à l'artillerie. Macdonald résolut de tourner le massif du mont Antola par l'est et par le nord, tandis que Moreau appuierait ce mouvement en attaquant par l'ouest. Les deux armées devaient chercher à faire leur jonction du côté de la Stradella.

Macdonald forma une colonne d'avant-garde qui ouvrit la route des Cent-Croix et celle de la Cisa par une série de combats, dont le plus important fut livré à Pontremoli ; une division de l'aile droite de Moreau descendit par le val Taro ; un corps détaché descendit la vallée de la Trebbia. Les Autrichiens battirent en retraite, défendant le terrain pied à pied. Les autres colonnes de Macdonald passèrent par les routes du Cerretto, le col de San Pellegrino et la vallée du Dragone, la route de Fiumalbo à Modène et celle de Poretta, et débouchèrent sans difficulté sur le versant nord des Apennins. Elles dépassèrent Plaisance, battirent une division ennemie, mais l'arrivée de Souvarov arrêta ces succès. Après trois jours de combat sur la Trebbia, Macdonald dut battre en retraite et repasser les Apennins; le détachement de Moreau qui marchait par le val Taro regagna Gênes avec peine par des chemins de montagne.

Macdonald fit alors embarquer son artillerie à Lerici, et lui-même, avec ses troupes, prit le sentier de Spezia pour se retirer sur Gênes.

Cette campagne fait ressortir l'importance du massif du mont Antola et de ses contre-forts comme masse isolante entre Gênes, Plaisance, et la Spezia. On voit, en effet, les troupes russes maîtresses du défilé de la Stradella, résister victorieusement et empêcher la jonction des corps français entre lesquels elles étaient interposées.

La route de Bologne à Florence par le col de la **Futa** aboutit dans le Mugello à San Piero a Sieve et se prolonge directement sur Florence à travers le Prato Magno.

Une route conduit d'Imola à Florence par la vallée du Santerno et **Firenzuola**; elle se réunit à la précédente à San Piero.

La route de Faënza à Florence remonte le Lamone, passe à **Marradi** et débouche dans la vallée de la Sieve à San Lorenzo. Un chemin de fer, actuellement en construction, doublera prochainement cette route.

La route de Ravenne à Florence par Forli remonte la vallée du Montone, passe par Rocca San Casciano, traverse les montagnes à **San Godenzo** et débouche dans la vallée de la Sieve à Dicomano.

San Piero a Sieve au point de convergence des routes de la Futa et de Firenzuola, est une bonne position à occuper. L'ancien fort de San Martino barrait autrefois l'importante route de la Futa. Les autres points à garder sont San Lorenzo et Dicomano; ce dernier se trouve à la tête d'un étroit défilé, par lequel coule la Sieve.

Ces routes sont réunies sur le versant méridional par une ligne parallèle aux montagnes, en partie carrossable, en partie bonne muletière, d'Aulla par les vallées supérieures du Serchio, de la Lima, de l'Ombrone, et de la Sieve.

De la vallée du Montone on peut passer directement dans celle du Tibre par Civitella di Romagna et Bagno in Romagna. Cette route est encore muletière; elle a une grande importance et permet d'établir des relations entre les colonnes qui opéreraient par les Romagnes et celles qui manœuvreraient dans les Marches.

Outre les routes carrossables qui viennent d'être citées, les Apennins Toscans sont percés d'un grand nombre de chemins qui permettent le passage de colonnes légères.

Routes des Apennins Romains et des Abruzzes.

Les routes principales des Apennins romains et des Abruzzes sont les suivantes :

De Pesaro à Arezzo par Urbino, la vallée supérieure du Metauro, la **Bocca Trabaria** (1100^{m}), Borgo San Sepulcro dans la vallée du Tibre.

De Fano à Pérouse et à Foligno par la vallée inférieure du Metauro, Fossombrone, le **Passo del Furlo** (tunnel d'une trentaine de mètres ouvert dans le roc, au temps de Vespasien), **Scheggia** d'où la route se bifurque, à droite sur Gubbio et Pérouse, à gauche, sur **Fossato**, Gualdo Tadino, et Foligno. La route actuelle n'est autre que l'ancienne *voie Flaminienne* qui faisait communiquer Rome avec la vallée du Pô. C'est encore aujourd'hui une des principales voies de terre de l'Italie.

D'Ancône à Foligno par Falconara, la vallée de l'Esino, Fabriano, le col de **Fossato**, où elle rejoint la route précédente. Cette route est doublée par un chemin de fer qui franchit la crête à 535 m. d'altitude sous un tunnel de 1900 mètres.

D'Ancône à Foligno par Macerato, la vallée du Chienti, Tolentino (traité du 10 février 1797), Serravalle, le **Colfiorito** (841ᵐ). Le défilé est étroit et facile à défendre. C'est cette direction que Bonaparte suivit en 1797 jusqu'à Tolentino pour marcher sur Rome.

Une route qui remonte la vallée de la Potenza, et passe par San Severino et Camerino se réunit à la précédente.

En 1860, les troupes pontificales, sous le commandement du général de Lamoricière, se portèrent au secours d'Ancône qu'assiégeaient les Piémontais, par les routes de Foligno et de Pérouse.

Les positions à occuper pour défendre ces débouchés sont Gubbio, Gualdo Tadino, Colfiorito.

Sur le versant de l'Adriatique ces communications sont reliées par une route en partie muletière, jalonnée par les points d'Urbino, Calmazzo, Cagli, Pergola, Arcevia, Sassoferrato, Fabriano, Matelica, Camerino.

Au sud des monts Sibyllins, on vient d'ouvrir une route d'Ascoli à Spolète (via Ascalana) par le Tronto, Arquata, le col de **San Pellegrino**, Norcia, et la vallée de la Nera.

Plus au sud, se développent les doubles chaines qui enveloppent la **Conca Aquilana**, dans laquelle on ne pénètre en venant de l'Adriatique que par deux étroits défilés : la route de Giulianova, par Teramo et la vallée du Vomano, à Aquila, route de construction récente, et la route de la Pescara par les gorges de Popoli ; celle-ci est doublée par un chemin de fer qui se bifurque d'un côté sur Aquila, de l'autre sur Solmona, et que l'on a l'intention de prolonger dans les directions de Rome et de Naples.

Au nord-ouest, on sort de la Conca Aquilana par les gorges d'**Antrodoco** qui conduisent à Cittaducale et à Rieti ;

Au sud-est, par le **Plan di Cinque Miglia** par lequel on arrive à Castel di Sangro, Isernia, et Naples.

On attribue une certaine valeur stratégique à la Conca Aquilana pour la défense de l'Italie centrale. C'est, en effet, un réduit naturel dans lequel, après un échec, les troupes peuvent se retirer pour se reconstituer et prendre de nouveau l'offensive contre l'ennemi qui marcherait sur Rome, en descendant les vallées de la Nera et du Tibre.

Les Apennins Romains offrent plus de ressources que les Apennins Toscans ; les vallées sont cultivées jusqu'à l'altitude de 800 mètres environ. Les Marches, dont le nom indique le rôle militaire joué par cette région pour la défense des États de l'Église, sont riches et la propriété y est très divisée. A partir du Chienti, commence, au contraire, la région stérile et désolée des Abruzzes.

On trouve dans l'Apennin Romain de nombreux attelages de bœufs qui faciliteraient la marche des convois.

Récapitulation des routes des Apennins.

Alpes Liguriennes :

Route du col de **Tende** (1873^{m}), de Coni à Nice,
Route du col de **Nava**, d'Ormea à Oneglia,
Route du col de **San Bernardo**, de Garessio à Albenga,
Route du col de l'**Osteria de Melogno**, de Millesimo à Finale,
Route du col de **Cadibone**, de Ceva à Savone (route et chemin de fer).

Apennins Liguriens :

Route du col des **Giove**, d'Acqui à Albissola,
Route du col di **Masone**, d'Alexandrie à Voltri,
Route du col de la **Bocchetta** (750^{m}), d'Alexandrie à Gênes,
Route du col de **Giovi** (480^{m}), d'Alexandrie à Gênes (route et chemin de fer),
Route de la **Scoffera**, de Plaisance à Gênes,
Route du col des **Cent-Croix**, de Fiorenzuela à Chiavari.

Apennins Toscans :

Route du col de la **Cisa** (1041^{m}), de Parme à Spezia,
Route du col de **Cerretto** (1400^{m}) ou de Fivizzane, de Reggio à Spezia,

Route de Modène à Pise par Pieve Pelago, d'où partent des chemins dans les directions suivantes :
- par **San Pellegrino** à Castelnuovo (Serchio),
- par **Rondinaïa** aux bains de Lucques,
- par **Fiumalbo** et l'**Abetone** à San Marcello, Pruneta et Lucques, ou col de **Piastres** et Pistoïa,

Route de la **Poretta**, de Bologne à Florence (route et chemin de fer),
Route de la **Futa**, de Bologne à Florence,
Route de **Firenzuola**, d'Imola à Florence,
Route de **Marradi**, de Faënza à Florence,
Route de **San Godenzo**, de Ravenne à Florence,
Route de **Forli** à San Sepulcro, par Bagno in Romagna.

Apennins Romains et Abruzzes :

Route de la **Bocca Trabaria**, (1100^{m}), de Pesara à Arezzo,
Route de la **Scheggia**, de **Fano** par le **Passo del Furlo**, Scheggia à..... Gubbio, Pérouse ou Fossato, Foligno,
Route et chemin de fer du col de **Fossato** (582), d'Ancône à Foligno,
Route du **Colfiorito** (84^{m}), d'Ancône à Foligno par Tolentino,
Route du col de **San Pellegrino**, d'Ascoli à Spolète,

Route de Giulianova par Teramo à Aquila,
Route des **gorges de Popoli**, de Pescara à Aquila (route et chemin de fer),

d'Aquila
- par les gorges d'**Antrodoco** à Rieti et Rome,
- par le **Plan di Cinque Miglia** à Castel di Sangro, Isernia, et Naples.

Défense de l'Italie centrale.

Rome est nécessairement l'objectif de toute opération de guerre dans l'Italie centrale.

On peut attaquer Rome :

par l'Apennin Toscan ; ce serait la direction naturelle d'une armée française qui, maîtresse de Plaisance, aurait réussi à masquer Bologne ;

par les Marches et par l'Apennin Romain ; c'est la ligne d'opération naturelle d'une armée austro-hongroise qui aurait passé le Pô et se serait emparé des Romagnes en masquant Bologne. C'est cette direction que suivirent Bonaparte en 1797, et les Piémontais en 1860.

On peut attaquer par débarquement :

soit sur les côtes de la mer Tyrrhénienne ; cette opération se combinerait avec une attaque de l'Apennin Toscan ;

soit sur les côtes de la mer Adriatique ; cette opération se combinerait avec une attaque par les Marches.

Enfin, une armée d'invasion peut être amenée à prendre sa base d'opérations sur Naples et sur l'Italie méridionale.

Nous avons dit précédemment que **Bologne** devait être considérée, à la fois, comme une tête de défilé en avant de l'Apennin et un réduit pour la défense du bassin du Pô. Nous reproduisons ci-après les considérations qui ont été développées, à ce sujet, dans les rapports officiels présentés au Parlement italien sur l'organisation de la défense du royaume :

« La ligne du Pô perdue, il nous reste une seconde ligne de défense dans l'Apennin, entre Spezia et Rimini, et quand l'ennemi aurait réussi à rompre encore cette barrière, nous pourrions prolonger la guerre en défendant pied à pied les deux versants de la péninsule.

« Il est toutefois évident que, l'adversaire maître de toute la région continentale, il nous restera peu d'espoir, abandonnés à nous-mêmes, de le chasser au delà des Alpes. Admettons que nous puissions le tenir longtemps en échec et l'empêcher de passer l'Apennin ; il pourra, de son côté, nous empêcher facilement de déboucher par un puissant retour offensif, et nous tenir pour ainsi dire bloqués dans la moitié de notre territoire, tout en vivant des riches dépouilles de l'autre moitié, tombée en sa possession. Il suffit de réfléchir à cette hypothèse, pour se convaincre de l'extrême nécessité qui s'impose à nous de tenir pied à toute outrance au delà des Apennins, et, par conséquent, d'y avoir un grand réduit favorisant cette extrême résistance, une grande place solidement fortifiée où la masse de notre armée, après la perte du Pô, puisse se mettre à l'abri pour se réorganiser, se compléter en hommes et en matériel de toute sorte.

« Cette grande place de refuge et de rescousse doit : 1° couvrir l'accès de la région péninsulaire ; 2° intercepter ou du moins menacer sérieusement les lignes d'opérations par lesquelles l'ennemi poursuivrait sa marche ; 3° être en communication directe, facile, et sûre avec l'intérieur du royaume, pour pouvoir en tirer toutes les ressources nécessaires ; 4° présenter une position assez vaste pour y recevoir toute l'armée combattante, et assez forte naturellement et artificiellement pour faire une longue résistance, quels que soient les moyens d'attaque de l'adversaire ; 5° enfin, offrir toutes les facilités pour reprendre l'offensive.

« La position de Bologne satisfait à toutes ces conditions, et aucun autre point ne l'égale à cet égard. C'est à Bologne que convergent les lignes naturelles d'invasion de l'ouest, du nord, et de l'est ; Bologne est l'objectif principal de toute attaque provenant de la frontière de terre, parce que cette position commande l'entrée de la Péninsule, et, tant qu'une armée italienne y aura un pied solide, l'adversaire ne pourra jouir en paix de la possession de la région continentale.

« Les deux routes les plus courtes et les plus directes entre la partie septentrionale et le centre de l'État s'y réunissent : la route de la Futa et celle de la Poretta ; on y trouve, en outre, le seul chemin de fer qui joigne aujourd'hui le bassin du Pô à la Toscane.

« Il est vrai que l'Apennin toscan offre huit autres passages (ceux de Cisa, Cerreto, San-Pellegrino, Rondinaia, Abetone, Firenzuola, Marradi, et San-Godenzo) ; mais aucun d'eux ne présente les avantages des deux précédemment nommés, soit comme état des routes, soit comme position des débouchés, soit comme distances réciproques, ce qui ne permettrait pas à des colonnes parallèles de se tenir en communication certaine entre elles. Tous, du reste, sont pris de flanc par la position de Bologne.

« Grâce aux deux routes carrossables et à la voie ferrée qui traversent l'Apennin sous la protection de Bologne, on pourra y faire affluer les convois et secours de toute espèce de la Péninsule ; aucune autre localité ne remplit mieux cette condition si essentielle.

« La position topographique de Bologne permet d'en étendre les fortifications de façon à y faire deux camps retranchés, l'un en plaine et l'autre sur la colline ; et l'espace sera suffisant pour contenir une armée de 200,000 hommes et plus.

« L'importance de cette place ne se restreint pas à la défense directe du bassin du Pô ; elle s'étend à une attaque simultanée de front et d'arrière, car si l'ennemi, à la suite d'un débarquement considérable, se dirigeait sur Florence et sur Rome, il aurait à craindre de voir sa ligne d'opérations coupée par les détachements que l'armée italienne, rassemblée à Bologne, pourrait promptement faire descendre sur le versant méridional de l'Apennin.

« En admettant même que Gênes et Spezia fussent assiégées, Bologne ne serait pas compromise et elle menacerait toujours la marche de l'ennemi par la Toscane. »

Ces considérations ont motivé le projet d'établir de nouveaux forts sur les hauteurs des Apennins au-dessus de Bologne. La création d'une place sur le versant nord des Apennins aurait en effet une réelle utilité pour la défense de l'Italie du Nord, mais n'y aurait-il pas danger à préparer dans cette position un camp retranché destiné à recueillir, comme il est dit ci-dessus, une armée battue et incapable de tenir la campagne. Il n'est pas probable d'ailleurs que cette opinion ait prévalu en Italie. Quelles que soient les difficultés du terrain dans les Apennins, une armée qui s'enfermerait à Bologne, ne tarderait pas, sans doute, à être suffisamment bloquée pour ne plus pouvoir en sortir.

Il est certain, d'autre part, qu'une armée d'invasion maîtresse du bassin du Pô, ne saurait s'engager dans les Apennins sans laisser un fort détachement devant Bologne, ce qui l'affaiblirait d'autant. En outre, l'armée italienne, protégée dans sa retraite par le canon de Bologne, pourrait se retirer en toute sécurité par les routes de la Poretta et de la Futa, et arriver à temps pour renforcer les troupes chargées de disputer à l'ennemi le débouché des autres routes sur le versant méridional des Apennins.

Quelques ouvrages nouveaux ont été construits sur les contreforts des Apennins qui commandent la place au sud et au sud-ouest, ils sont peu importants.

L'ancienne fortification comprend : une première enceinte maçonnée ; une seconde enceinte à 500 mètres de la première, formée par un parapet et des lunettes en terre, d'une valeur insignifiante ; des ouvrages détachés en terre et en bois, à 500 mètres environ en avant de la seconde enceinte.

La place, dans son état actuel, pourrait tout au plus résister à une attaque de vive force. Elle est donc loin de répondre au rôle stratégique qu'on lui assigne.

Offensive par l'Apennin Toscan.—L'Apennin Toscan est partout difficile à traverser; pour en défendre les versants nord, il faut, comme on l'a dit plus haut, occuper les contreforts, parce que les vallées sont trop étroites et souvent impraticables.

La plupart des positions ne sauraient d'ailleurs être défendues longtemps avec chances de succès contre un ennemi supérieur en nombre, parce qu'une grande quantité de sentiers facilitent les mouvements tournants, et permettraient à l'attaque de prendre à revers des positions inabordables de front.

Si les troupes italiennes ont l'infériorité sur le versant nord et veulent défendre le versant sud, il leur faut prendre position aux points de convergence des vallées supérieures des affluents du Serchio et de l'Arno. Nous avons signalé, à ce point de vue, l'importance des positions d'Aulla, de Castelnuovo, de San Marcello, de Pistoïa, de San Piero a Sieve, de Pontassieve, et de la route transversale qui les unit.

Une armée qui vient de l'ouest, ne peut traverser les Apennins par les routes de la Cisa et de Cerreto, puisqu'ils arrivent dans le rayon d'action de la Spezia.

Les routes de Modène à Pistoïa et à Lucques sont plus favorables à son offensive.

Celles de la Poretta et de la Futa lui sont interdites par Bologne.

Les routes qui traversent entre Bologne et Rimini l'écartent de sa base d'opérations.

C'est donc la *route de Modène à Pieve di Pelago* qui paraît offrir la direction la plus favorable à la marche d'une armée venant de l'ouest, et qui veut passer de l'Émilie en Toscane après avoir masqué Plaisance et Bologne. De Pieve di Pelago, plusieurs chemins descendent dans la Garfagnana et dans la vallée de la Lima. Le plus important est celui de l'Abetone qui conduit à San Marcello, d'où il se bifurque sur Pescia et sur Pistoïa. L'armée défensive a donc tout intérêt à occuper fortement Pieve di Pelago sur le versant nord, et elle peut ensuite chercher à défendre les débouchés du versant sud ; mais si elle n'a pas une grande supériorité numérique, sa position sera fort difficile.

La défense d'une chaîne de montagnes est une des tâches les plus difficiles qui puisse incomber à un général, et l'on peut dire, qu'avec des troupes battues, par conséquent plus ou moins désorganisées et démoralisées, il n'y réussira pas. Machiavel a écrit, il y a longtemps déjà : « En essayant de procéder à la défense d'une chaîne de montagnes, vous prenez un parti qui vous sera le plus souvent funeste[1]. »

Dans les montagnes, a dit aussi Napoléon, l'attaque est toujours plus facile que la défense, et la défense n'est même possible qu'en manœuvrant. Le passage des défilés des montagnes de la Bohême par les Prussiens, au début de la campagne de 1866, a confirmé cette opinion.

L'armée itailenne qui attendrait l'attaque dans les bassins du Serchio et de l'Arno serait donc très compromise, et il est de son intérêt d'arrêter l'ennemi dans la plaine même de l'Émilie ; c'est pourquoi les places de Plaisance et de Bologne ont une grande importance, surtout comme pivots de manœuvre, c'est-à-dire comme dépôts d'approvisionnements où les troupes peuvent être assurées de trouver les ressources dont elles ont besoin. Il semble d'ailleurs que ce rôle de

[1] Voir le tome I, 3e édit., p. 319 et suivantes, au sujet des conditions particulières de la guerre en pays de montagnes.

magasins fortifiés est le plus important qu'aient à jouer les places fortes dans les guerres modernes.

Débarquement sur les côtes de la mer Tyrrhénienne. — L'attaque des Apennins par le nord pourrait être combinée avec une attaque d'un corps de débarquement opérant sur le versant sud ; dans ces conditions la défense de ces montagnes serait prise à revers et deviendrait excessivement périlleuse.

Mais pour qu'un débarquement puisse être opéré sur les côtes de Toscane, il faudrait que la flotte italienne ait été détruite ou bloquée.

Les progrès de la navigation à vapeur facilitent des opérations de cette nature. Le transport d'un corps d'armée sur des navires n'est pas une opération beaucoup plus difficile qu'un transport par chemin de fer. On estime que 50,000 hommes pourraient être jetés en une seule fois sur les côtes de l'Italie.

Un débarquement sur la plage de Viareggio ou du côté de Livourne, permettrait d'attaquer les Apennins par le sud, de menacer simultanément Rome, et de surprendre l'armée italienne pendant une concentration que la forme péninsulaire de l'Italie rend nécessairement longue et difficile.

Les barrières des Alpes, du Pô, et de l'Apennin pourraient ainsi être tournées dès le début des opérations, et la guerre immédiatement transportée en Toscane.

Si l'opération avait pour objectif spécial l'attaque de Rome, il faudrait sans doute chercher un point de débarquement sur la portion de la côte comprise entre Talamone au nord et Gaëte au sud, près des ports du monte Argentaro, de Civita Vecchia, de Fiumicino, de Porto d'Anzio, de Terracine, ou de Gaëte.

Offensive par les Marches et par l'Apennin Romain. — Si l'offensive vient de l'est, il y aurait avantage pour elle à se diriger par les Marches sur l'Apennin Romain, de manière à utiliser la route de la Scheggia, le chemin de fer de Falconara, ou la route de Colfiorito. Une attaque de l'Italie centrale par les routes des Romagnes paraît moins favorable, parce que ces routes débouchent sur Florence et qu'il reste alors toute la Toscane à traverser.

En 1797, Bonaparte marchait sur Rome par les Marches, lorsque le traité de Tolentino mit fin aux hostilités.

En 1860, lorsque les Piémontais envahirent les États de l'Église, ils opérèrent simultanément par les deux versants de l'Apennin. Ancône était leur objectif. Un corps d'armée (Cialdini) s'avançait par les Marches et, poussant devant lui les troupes pontificales, il occupa successivement Pesaro, Fano, Senigallia, Jesi. L'autre corps (della Roca) descendit la vallée du Tibre par Citta del Castello, fit capituler Pérouse et prit Foligno. La jonction entre les deux corps était assurée par une division qui longeait les crêtes sur le versant de l'Adriatique par San Leo, Urbino, arrivait aux sources de la Potenza et descendait par San Severino.

Le général de La Moricière, commandant l'armée pontificale, ne prévoyait pas l'entrée en ligne de l'armée piémontaise; il pensait n'avoir à combattre que les garibaldiens, et occupait Terni, Spolète, Foligno, pour surveiller la frontière du côté des Abruzzes. Lorsque les Piémontais démasquèrent leurs projets, il se porta rapidement au secours d'Ancône par Colfiorito; mais, avant d'atteindre la place, il fut enveloppé par les forces supérieures de l'ennemi, à Castelfidardo, au sud-est d'Ancône. Il livra un combat désespéré pour se faire jour; son armée fut détruite, et il n'arriva qu'à grand'peine, avec quelques débris, à atteindre Ancône par des sentiers de montagne.

En battant en retraite par le versant de l'Adriatique, l'armée défensive peut utiliser les cours d'eau torrentueux qui descendent perpendiculairement à la mer et les contreforts qui les séparent, c'est-à-dire la Marecchia, la Foglia, le Metauro.

Le Metauro offre particulièrement de bonnes positions; il communique avec le revers occidental des Apennins par la route de la Bocca Trabaria et celle de Scheggia. Ce fut sur ses bords que les consuls Livius et Claudius Néron (210 av. J.-C.), arrêtèrent et détruisirent l'armée qu'Asdrubal amenait à son frère Annibal [1].

Mais, en se retirant dans cette direction, l'armée défensive court le danger d'être coupée de ses communications avec l'Ombrie, par l'ennemi qui aurait franchi l'Apennin Toscan.

C'est ce qui arriva en **1815** à Murat. Il se retirait par les routes de l'Adriatique; le maréchal Bianchi le fit suivre par un corps, sous les ordres de Neipperg, destiné à ralentir sa marche. Des colonnes légères envoyées par les chemins de montagne, par San Marino, Urbino, Fossombrone, menaçaient, sur sa gauche, les positions successives qu'il essayait de prendre. Quant au gros des forces ennemies, elles passaient par Pistoïa,

[1] **Bataille du Metauro** (210 av. J.-C.). — Depuis dix ans, Annibal descendu en Italie, vainqueur des Romains dans quatre grandes batailles sur le Tessin, sur la Trebbie, sur le lac Trasimène, et à Cannes sur l'Ofanto, occupait l'Italie méridionale sans pouvoir réduire Rome. Il était sans relations avec Carthage, et les renforts que lui amenait son frère devaient décider du sort de cette longue guerre. Leur jonction devait avoir lieu dans l'Ombrie. Des messagers, saisis par les Romains, les instruisirent des projets des généraux carthaginois; c'est alors qu'ils se hâtèrent de concentrer toutes leurs forces sur le Metauro et qu'ils livrèrent à Asdrubal une bataille terrible, qui sauva Rome et l'Italie. Asdrubal y fut tué; les historiens rapportent que 50,000 Carthaginois et 8,000 Romains y périrent.

Florence, Pérouse et, hâtant leur marche, arrivaient sur ses derrières à Foligno.

Murat essaya de déboucher par la route de Colfiorito. D'abord vainqueur, il fut ensuite repoussé et obligé de reprendre la route du littoral de l'Adriatique par Fermo et Pescara. Il se hâta ensuite de traverser la Conca Aquilana et réussit à échapper à un corps ennemi qui arrivait de Rome par Aquila, mais ses troupes se débandèrent et il revint à Naples presque seul.

On voit par cet exemple combien il serait dangereux pour une armée italienne de choisir sa ligne de retraite en suivant le versant de l'Adriatique. Pour défendre les Apennins Romains, il faut donc chercher des positions sur le versant occidental. La ligne Pérouse Foligno est naturellement indiquée, avec des positions avancées à Gubbio sur la route de la Scheggia, à Gualdo Tadino sur celle de Fossato, et près de Colfiorito. Le général de La Moricière projetait de fortifier Gubbio, qui est dans une situation importante, au carrefour de plusieurs routes. Cette position formerait en outre la droite de la ligne de défense, contre les attaques venant de la Toscane.

Un débarquement sur les côtes de l'Adriatique n'aurait pas la même portée que celui qu'effectuerait l'ennemi sur les côtes de la mer Tyrrhénienne puisque Rome serait encore protégée par le rempart des Apennins et des Abruzzes; en outre, le pays est très difficile, la côte est bordée de très près par les montagnes, et la navigation de l'Adriatique est dangereuse. Toutefois, une opération de cette nature serait utile pour appuyer une attaque par les Marches. L'occupation du port d'Ancône offrirait, en outre, de grands avantages à une armée autrichienne, à cause de sa proximité de Pola et de Trieste, d'où elle tirerait ses renforts et ses remplacements.

Défense de la Toscane. — Les Apennins franchis entre Plaisance et Bologne, le seul obstacle continu que l'on rencontre est l'Arno, qui n'a pas de valeur comme ligne de défense stratégique; il n'a que 200 mètres de largeur à Florence et peut être passé à gué en plusieurs endroits. L'ennemi prendra une nouvelle base sur ce cours d'eau, dont la vallée est riche et peuplée; la plaine d'Arezzo lui offrira une sorte de place d'armes favorable à la concentration de ses forces et à l'établissement de ses magasins.

Les directions des opérations qui ont Rome pour objectif, sont indiquées par les trois lignes ferrées :

Livourne — Rome,
Empoli — Sienne — Chiusi — Orte — Rome,
Florence — Arezzo { Chiusi / ou Pérouse — Foligno } Orte — Rome.

Le sol de la Toscane, grâce aux nombreux accidents qu'il présente et que l'on pourrait artificiellement renforcer, présente un bon théâtre défensif. En occupant, sur le plateau toscan, la ligne Arezzo—Sienne—Volterra, on commande les routes de la Toscane sur Rome, mais cette ligne est très étendue, 100 kilomètres environ, et, par conséquent, difficile à garder; pour se couvrir également contre une attaque venant des Abruzzes, il paraît plus avantageux de chercher une position plus à l'est.

On la trouverait sans doute sur le lac Trasimène en se prolongeant, selon les circonstances, par sa droite sur Pérouse et Foligno, ou par sa gauche vers Chiusi et Radicofani. De Chiusi, on commande le débouché du Val di Chiana et l'embranchement des deux chemins de fer d'Arrezzo et de Sienne; à Radicofani, forte position à l'extrémité du plateau Toscan, on barre la route de Sienne à Viterbe (Via Cassia).

La commission de défense avait recommandé de fortifier Chiusi et Radicofani. Chiusi est un point faible, où se croisent de nombreuses communications. En prenant position : le centre sur le lac Trasimène, la droite prête à s'étendre vers Pérouse, la gauche à portée de Chiusi et de Radicofani, on tiendrait les débouchés des chemins de fer de Sienne, d'Arezzo, et d'Ancône, et l'on pourrait communiquer avec Rome par les deux lignes qui se rejoignent à Orte. La configuration du pays est avantageuse pour la défense, et, suivant les circonstances, on peut reprendre l'offensive soit par la Toscane, soit par les Marches.

Bataille de Trasimène. — Annibal, qui avait franchi les Apennins par les sentiers qui descendent sur le bas Arno, tourna à l'ouest la position que le consul Flaminius occupait à Arezzo et vint se placer sur ses derrières, au lac Trasimène ; le consul se mit en retraite par la route qui conduit aujourd'hui d'Arezzo à Pérouse. Posté sur les collines qui bordent à l'est cette route et le lac, Annibal tomba sur les flancs de l'armée romaine qui avait négligé de faire fouiller le défilé et la détruisit. Il marcha ensuite sur Rome et fut arrêté par la résistance de Spolète. Le souvenir de cette sanglante bataille s'est conservé, dit-on, par le nom de la plaine, *Piano di Sanguinetto*, située au nord du lac.

Une armée italienne qui s'attarderait à Arezzo après le passage de l'Arno inférieur par l'ennemi, courrait le même danger d'être tournée.

Enfin, l'armée italienne, en retraite, pourrait encore retarder la marche de l'ennemi en occupant la ligne *Viterbe—Orte—Terni*, excellente position défensive, dont la Nera, le Tibre, et le torrent du Vezzo forment le fossé.

Cette position une fois forcée et, si l'armée italienne ne veut pas courir le risque d'être enfermée dans Rome, le moment sera venu pour elle de se retirer vers la **Conca Aquilana** par les gorges d'Antrodoco; mais elle doit craindre de s'y renfermer. Si elle s'y immobilisait, il serait trop facile à l'ennemi, supérieur en nombre, de l'y bloquer en occupant les débouchés d'Antrodoco et de Castel di Sangro.

Les troupes spécialement affectées à la défense de Rome peuvent encore arrêter momentanément l'offensive venant de la Toscane et de la vallée du Tibre, en s'établissant près du lac Bracciano et sur les pentes nord des monts Soracte et Gennaro qui forment « la porte triomphale » par lequel le Tibre débouche dans la Campagne romaine. Mais toutes ces positions successives sont très menacées, si l'ennemi est maître de la mer et peut en tourner l'extrême gauche par un débarquement. Piombino, Talamone, Orbitello, et Civita Vecchia étant à peu près les seuls points abordables, la défense pourrait en être préalablement assurée.

Enfin, on peut encore examiner le cas où des circonstances politiques particulières amèneraient l'ennemi à chercher d'abord sa base sur l'Italie méridionale.

ITALIE MÉRIDIONALE.

L'Italie méridionale, ou ancien royaume des Deux-Siciles, se limite naturellement au nord par la ligne Sangro—Garigliano.

L'Apennin Napolitain, qui en constitue le relief, a une structure très irrégulière. Il est composé de groupes distincts, reliés les uns aux autres par des chaînons transversaux ou par des seuils élevés.

Le massif de la **Meta** (2,260ᵐ) est séparé des Abruzzes par le cours du Sangro.

Le massif du **Matese**, de l'autre côté du Volturne, a son sommet, le mont Miletto, à 2,060 mètres. Entre les deux est la vallée d'**Isernia** qui est au point de rayonnement des routes principales de cette partie de l'Italie.

Plus loin, entre Bénévent et Avellino, sur la route de Naples, sont les célèbres gorges des **Fourches Caudines** ; cette contrée montagneuse est l'ancien Samnium, aux défilés sauvages où se livrèrent tant de combats sanglants. Une chaîne qui se détache au sud, va se terminer à la presqu'île de Sorrente, et enveloppe ainsi la Campanie, c'est-à-dire la fertile plaine des environs de Naples, dont le sol est formé, à une profondeur inconnue, par les cendres du volcan de **Roccamonfina**, situé au nord de Capoue.

Du côté de l'Adriatique, les Apennins s'abaissent par des pentes douces. Des tables argileuses, *tavogliere*, d'origine pliocène, en raccordent les pentes avec l'éperon du mont **Gargano**. Ces tables de la Pouille, sans culture et sans habitants, ont un aspect particulièrement triste.

L'ancien volcan du mont **Vulture** (1,330ᵐ), au sud de la vallée de l'Ofanto, se dresse comme la borne méridionale de l'Apennin Napolitain. Au delà, le sol s'abaisse graduellement et n'est plus qu'un plateau raviné; l'Apennin s'arrête au seuil de Potenza, d'où les eaux divergent vers le golfe de Tarente et vers le golfe de Salerne.

La presqu'île d'Otrante n'a que des collines sans importance, et des terrasses au contour indécis.

La presqu'île des Calabres est très montueuse.

Au sud du seuil de Potenza, l'arête des monts **della Maddalena** se raccorde, vers le sud, au mont **Polino** (2,270^{m}), dont les ramifications barrent l'entrée des Calabres.

Plus au sud, s'élève, entre le golfe de Tarente et celui de Squillace, le groupe isolé de la **Sila** (1,928^{m}), formé de granites et de schistes, dont les forêts sont exploitées pour les constructions maritimes.

Enfin, à l'extrémité méridionale, est un troisième massif de roches cristallines, l'**Aspromonte** (1,960^{m}), âpre, comme son nom l'indique, et profondément raviné par les torrents.

A l'ouest de l'Apennin Napolitain, se trouvent, comme à l'ouest des Abruzzes, des montagnes volcaniques, parmi lesquelles le célèbre **Vésuve** (1282^{m}) verse ses laves au fond du golfe de Naples.

Les seuls cours d'eau de quelque importance sont ceux du versant de la mer Tyrrhénienne.

Le **Volturne** prend sa source entre le mont Meta et les monts Matese; après s'être uni au **Calore** qui passe à Bénévent. il forme un obstacle d'une certaine valeur militaire qui intercepte toutes les communications du versant de la mer Tyrrhénienne. Les routes se réunissent à Capoue pour traverser la rivière; plus en amont, le pays montagneux ne permettrait pas de mouvements de troupes.

Par sa vallée supérieure, le Volturne ouvre la route d'Isernia, Castel di Sangro et plan di Cinque Miglia, sur la Conca Aquilana, et plusieurs autres communications intéressantes qui se développent vers les Abruzzes. Isernia en est le point de divergence.

Pour couvrir la ville de Naples au nord, il faut occuper Isernia, et pour la couvrir au nord-ouest tenir Bénévent. Les Romains avaient fortifié Isernia.

Bénévent, sur le chemin de fer de Foggia, qui traverse la Péninsule, est au point de réunion de nombreuses routes et constitue une position intéressante.

Entre le Volturne et les monts de l'Avellinèse, dont un contrefort détermine la presqu'île de Sorrente, au sud du golfe de Naples, se développe la belle plaine de la Campanie sur 60 kilomètres de long et 40 kilomètres de large. C'est là qu'une armée devrait prendre sa base d'opérations pour opérer, soit vers le sud, soit vers le centre de l'Italie.

Dans le golfe de Salerne, tombe le **Sele** qui descend du mont Termini dans le groupe des monts de l'Avellinèse, et qui reçoit (r. g.) le **Calore**.

La vallée du Calore correspond à la vallée supérieure du **Basente**, principal tributaire du golfe de Tarente, qui passe à Potenza, entre l'Apennin et les Calabres, et détermine le seuil de partage entre le golfe de Tarente et la mer Tyrrhénienne.

Plus au sud, il n'y a que des torrents sans importance, aussi bien sur le versant de la mer Tyrrhénienne que sur celui du golfe de Tarente.

Sur le versant de l'Adriatique, le seul cours d'eau notable est l'**Ofanto**, qui descend du mont Vultur et finit au nord de Barletta, en laissant sur sa droite le champ de bataille de Cannes.

C'est sur ce versant qu'a été tracée la seule ligne ferrée qui, jusqu'à présent, relie l'Italie méridionale avec le reste du royaume et rattache, au corps principal de la nation, des provinces d'une culture moins avancée, et dont les habitants étaient, tout d'abord, peu disposés à suivre le mouvement unitaire provoqué par les Italiens du Nord.

Ce chemin de fer se prolonge sur Brindisi ; il offre la communication la plus directe et la plus rapide entre l'Europe centrale et l'Orient.

L'embranchement transversal de Foggia à Naples et la section Bari — Tarente — Reggio jouent un rôle considérable dans le développement politique et économique de l'Italie du Sud.

En partant de Pescara, les villes principales situées sur cette ligne ferrée, sont :

Vasto d'Ammone sur une hauteur près de la côte,

San Severo, dont les Français s'emparèrent en 1799,

Foggia, chef-lieu de la province de la Capitanate et tête de la ligne de Naples,

Cerignoles ;

Le chemin de fer rejoint la côte à Barletta et la suit jusqu'à Brindisi.

CONSIDÉRATIONS STRATÉGIQUES.

Si l'ennemi a intérêt à porter la guerre dans l'Italie méridionale, son principal objectif sera Naples.

On peut attaquer Naples directement par la mer. En l'absence d'une flotte de guerre, les quelques fortifications, qui défendent le golfe, ne sauraient arrêter longtemps l'offensive.

Mais, étant données certaines circonstances politiques, on peut trouver plus d'avantage à opérer, soit par les côtes de la mer Ionienne, soit par celles de l'Adriatique.

Un débarquement sur les côtes du golfe de Tarente pourrait réussir, et les collines de la Basilicate n'offriraient pas un obstacle sérieux à l'armée envahissante. Deux lignes d'opérations pourraient être suivies : soit directement sur Salerne et Naples par le seuil de Potenza, ou, en inclinant à l'est par l'Apulie, et en utilisant la ligne ferrée Tarente-Bari ; on n'y trouve pas d'obstacles montagneux et l'on peut se rabattre sur Naples par Foggia et Bénévent.

Cette direction fut prise par Pyrrhus dans sa campagne contre Rome ; il livra, à Bénévent même, la dernière bataille qui l'obligea à évacuer l'Italie.

Il est possible aussi d'agir par un débarquement sur les côtes de l'Adriatique, de manière à prendre pour directrice des opérations la ligne Foggia—Naples. En 1860, un corps italien avait été débarqué à Manfredonia pour coopérer, le cas échéant, avec les troupes piémontaises qui attaquaient les États de l'Eglise par les Marches.

On peut défendre Naples du côté de la terre en occupant les hauteurs qui enveloppent la Campanie. Contre une attaque venant de l'Adriatique, c'est à Isernia, aux sources du Volturne, et à Bénévent dans la vallée du Calore, qu'il faudrait s'établir. C'est là que convergent les routes qui traversent l'Apennin Napolitain.

Au nord de Naples, le cours inférieur du Volturne forme une barrière de quelque valeur. Il n'y a de pont qu'à Capoue En amont, le pays est très difficile, et Capoue, étant à 25 kilomètres seulement de la côte, commande assez bien le fleuve en aval. L'importance stratégique de cette place est donc assez sérieuse; elle couvrirait la retraite d'une armée forcée de se retirer de Rome sur Naples, et protégerait ainsi Naples contre une attaque venant du nord.

Dans une autre hypothèse, elle permettrait de défendre les routes de Rome contre une attaque venant du sud.

On ne trouve que deux routes à suivre entre Naples et Rome : l'une par Capoue, Ponte-Corvo, et Frosinone, doublée par un chemin de fer ; l'autre par Capoue, Gaëte, Terracine, et la voie Appienne. Ces deux routes sont isolées l'une de l'autre par les massifs des monts Lepini, mais elles partent toutes deux de Capoue, et ce sont les directrices obligées des opérations d'une armée qui, ayant pris sa base sur l'Italie méridionale, aurait à marcher sur Rome. Il lui est donc indispensable de s'emparer préalablement de Capoue.

MERS DE L'ITALIE[1].

Séparée par les Alpes des grandes puissances continentales de l'Europe, mais possédant près de 7,000 kilomètres de côte, l'Italie moderne doit aujourd'hui, comme autrefois le royaume de Naples, les républiques de Gênes et de Venise, etc., compter sur ses flottes de commerce pour lui apporter la richesse, et sur ses flottes de guerre pour la défendre et assurer son influence en Europe.

Mais si la mer doit être, en temps de paix, le principal agent de prospérité de l'Italie, elle pourrait, en temps de guerre, lui amener la destruction et la ruine. La grande profondeur des eaux du littoral, l'absence des marées, les facilités d'accès que présentent les plages rendent les débarquements ou les attaques des flottes de guerre relativement faciles, éventualités d'autant plus à craindre que la plus grande partie des richesses de l'Italie péninsulaire sont dans les grands ports ou dans des villes voisines des rivages.

Les points vulnérables sont trop nombreux pour pouvoir être efficacement protégés par la fortification et leur situation topographique ne se prête souvent pas à son emploi. L'armée de terre ne saurait, du reste, suffire à la défense des côtes à cause de leur étendue et de l'insuffisance du réseau ferré. C'est donc sur sa flotte que l'Italie doit compter pour faire respecter ses rivages.

[1] Les côtes de l'Italie (péninsule et îles) ont un développement total de 6,785 kil., dont 3,657 pour la péninsule et 3,128 pour les îles.

Aussi, Napoléon a-t-il dit que, la première condition d'existence de la monarchie italienne devait être de devenir une puissance maritime afin de maintenir la suprématie sur ses îles et de pouvoir défendre ses côtes et que l'Italie ne serait une grande puissance que lorsqu'elle aurait une grande marine.

Les hommes d'état de l'Italie moderne se sont inspirés de ces idées. Les premières dépenses du nouveau royaume eurent pour but de constituer à **Spezia** un port de guerre de premier ordre et de mettre sur chantier de grands cuirassés. L'Italie, dont la flotte n'existait pas, même de nom, il y a trente ans, compte aujourd'hui parmi les grandes puissances maritimes de l'Europe.

Les mers, qui baignent l'Italie, se subdivisent de la manière suivante :

Mer Ligurienne, de Nice à Piombino ; elle est limitée au sud, entre la Corse et l'Italie, par l'île d'Elbe.

Mer Tyrrhénienne, sorte de bassin intérieur ; bordée à l'ouest, par les côtes presque rectilignes de la Corse et de la Sardaigne, elle se creuse, vers l'est, en un superbe golfe que ferment les côtes des Calabres et celles du nord de la Sicile.

Mer Ionienne, comprise entre les côtes de la Grèce et de l'Épire à l'est, et celles des Deux-Siciles (Grande Grèce) à l'ouest.

Mer Adriatique, long couloir souvent brumeux, entre les côtes dalmates et les côtes italiennes.

Mer Ligurienne.

De la frontière française jusqu'à Spezia, la côte domine un large golfe en demi-cercle au fond duquel se trouve Gênes.

A l'ouest de Gênes, la côte prend le nom de *Rivière du Ponant* et à l'est celui de *Rivière du Levant.*

Bordée par des montagnes dont les crêtes ne sont jamais distantes de plus de 8 kilomètres de la mer, coupée par de nombreux torrents qui descendent dans des vallées escarpées, la côte n'offre guère que quatre points favorables à un débarquement : Oneglia, Alassio, Vado—Savone, Voltri—Sestri Ponente.

La plage de Voltri—Sestri Ponente est dans le rayon d'action de la place de Gênes.

Des trois autres emplacements, celui de Vado—Savone est seul assez vaste pour permettre de débarquer une cinquantaine de mille hommes.

Ce débarquement permettrait de tourner les défenses des Alpes et de prendre en flanc les forces italiennes opérant entre Alexandrie et Turin.

Vado est défendu par des ouvrages de récente construction (1 fort et 3 grandes batteries). Cette position se relie à celle du col d'Altare [1].

Les côtes de la Rivière du Ponant, comme celles de la Provence qu'elles prolongent sont un véritable feston de plages et d'anses gracieuses. De charmantes villas, des nids de villas

[1] Ces ouvrages sont les suivants :

Fort du mont Bleno, entre le village de Bergeggi et Vado. Il commande la plage jusqu'à Savone.

Batterie basse du cap de Vado, au-dessous du fort du mont Bleno.

Batteries de la Madone du Mont et de la Madone des Anges, sur les hauteurs qui dominent Savone à l'ouest. La première croise ses feux avec le fort du mont Bleno ; la seconde commande Savone et la grande route du col de Cadibone.

plutôt, s'abritent contre les vents du nord derrière les murailles de rochers ; elles sont reliées les unes aux autres par la route et le chemin de fer de la Corniche dont l'admirable panorama est célèbre dans le mode entier.

Gênes, *la Superbe*, au fond du golfe, a été, jusqu'au siècle dernier, une puissante république, enrichie par le commerce maritime dont elle était la métropole principale dans le bassin occidental de la Méditerranée.

Pise, qui était avantageusement située au débouché des routes de la mer Tyrrhénienne, avait, avant Gênes, la prééminence dans la Méditerranée; mais les Génois détruisirent sa flotte et ruinèrent son port au XIIIe siècle; elle ne se releva plus de ce désastre.

Aujourd'hui, Gênes est le premier port de commerce de l'Italie. Le port de Pise, comblé par les atterrissements de l'Arno, n'existe plus; son activité est passée au port voisin de Livourne, ville toute moderne, rivale de Gênes, comme l'avait été Pise, et en pleine croissance depuis que les chemins de fer lui ont ouvert des débouchés au nord des Apennins.

Gênes est une position militaire de premier ordre, dont la possession est indispensable pour commander la côte ligurienne et pour relier avec la mer les opérations qui se développent dans le bassin du Pô, du côté d'Alexandrie et de Plaisance[1]. C'est le point de la côte le plus rapproché du Pô.

Mais la ville, étant située au fond d'une baie largement ouverte et aux eaux profondes, ne peut être mise à l'abri d'un bombardement. La place de Gênes n'a aujourd'hui, surtout du côté de la mer, qu'une valeur assez incertaine[2]. Elle est défendue, du côté du large, par une douzaine de batteries qui ont été améliorées et armées d'un certain nombre de canons de 24^{c}, mais qui, en raison de la nature schisteuse des falaises[3], seraient sans doute désorganisées très rapidement.

Du côté de la terre, les défenses semblent plus sérieuses. Elles

1 *Mémoires de Napoléon.*
2 Le général Ricci proposait d'en faire une ville ouverte.
3 On a surnommé Gênes le colosse aux pieds d'argile.

comprennent une ancienne enceinte et une dizaine de forts détachés, difficiles à contrebattre, qui dessinent, au nord de la ville, une sorte de camp retranché en forme de lunette allongée; mais la défense de ces ouvrages immobiliserait une nombreuse garnison.

A l'est de Gênes, commence la *Rivière du Levant*. Plus exposée aux vents qui descendent des Alpes, elle n'est point, comme celle du Ponant bordée de villes de plaisance.

La côte offre néanmoins quelques abris à Porto-Fino, Rapallo, Chiavari, Sestri Levante.

Plus au sud, est **la Spezia**, le plus grand arsenal maritime de l'Italie [1], située à l'extrémité d'un golfe, profond de 11 kil. et large de 3 kil. environ, compris entre la terre ferme et une étroite presqu'île [2] à l'extrémité de laquelle est Porto Venere et que prolonge l'île de Palmaria.

Une digue sous-marine artificielle barre l'entrée de la rade [3].

Le golfe est bordé par un amphithéâtre circulaire de crêtes d'une altitude de 4 à 500 mètres depuis l'île Palmaria jusqu'à l'embouchure de la Magra (rive droite).

Ces hauteurs sont couronnées par un grand nombre d'ouvrages. Ceux qui sont établis sur l'ile de Palmaria et sur la presqu'île de Porto Venere sont plus spécialement destinés à répondre à une attaque venant du large. Ceux qui couronnent les hauteurs nord et nord-est s'opposeraient à une attaque par

[1] Une statue élevée sur le port à Domenico Ghiodo, mort en 1860, porte cette inscription caractéristique :

Mutato il golfo in porto militare degno dell'Italia antica e della futura, incarno i designi di **Napoleone** *e Cavour* (Il a changé le golfe en un port militaire digne du passé et de l'avenir de l'Italie, en réalisant les desseins de Napoléon et de Cavour).

[2] Sa largeur varie de 1,800 à 3,500 mètres.

[3] Cette digue, dont la longueur est de 2,300 mètres, ne laisse que deux étroits passages : l'un de 350 m., l'autre de 170 m. Deux forts cuirassés seront probablement construits aux extrémités. On doit y placer, en attendant, deux grands chalands-affûts (*Castore et Polluce*), armés chacun d'un canon de 100 tonnes. Sur la côte, plusieurs batteries de rupture battent ces passages.

terre, mais beaucoup d'entre eux ne sont encore que projetés.

L'armement comprend, en général, des canons de 24e et de 32e. Le fort Santa Maria, qui défend la passe ouest de la digue est armé d'un canon de 100 tonnes et de deux de 120 tonnes.

Cependant Spezia, malgré les sommes considérables qui y ont été dépensées [1] n'est à l'abri d'un bombardement, ni du côté de la mer, puisque la presqu'île de Porto Venere n'a pas, sur certains points, une largeur supérieure à 1800 mètres, ni du côté de la terre, car les ouvrages avancés du nord et du nord-est ne sont pas à plus de 3,500 mètres de la place.

Une seule voie ferrée d'un emploi bien précaire en temps de guerre, celle de la Corniche, aboutit aujourd'hui à Spezia. Deux autres voies ferrées sont en construction. L'une doit réunir Spezia à Parme, l'autre, destinée à suppléer la voie du littoral, reliera Spezia à Pise en passant derrière les Alpes Apuanes par Sarzane et Lucques.

Au sud de Spezia, la côte n'a plus le même aspect. Elle est généralement plate, souvent marécageuse et bordée de bancs de sable. Les escarpements réapparaissent au sud de Livourne et au promontoire de Piombino, en face l'île d'Elbe.

Viareggio, qui offre une plage de sable de 8 kilomètres de long et **Livourne**, port de commerce très important sont les seuls points de débarquement avantageux pour prendre possession de la riche région de Florence et couper la voie ferrée de Pistoia à Bologne.

Viareggio et Livourne ne sont protégés que par quelques ouvrages sans importance. C'est donc à la flotte et aux troupes concentrées vers Florence qu'il appartiendrait de défendre cette région. En 1813, un corps anglais débarqua à Viareggio pour tenter d'enlever Pise; l'entreprise échoua et ce corps reprit la mer au même endroit quelque temps après.

Comme points secondaires, il faut encore citer Carrara et

[1] En 1887, le total des crédits affectés aux fortifications de Spezia s'élevait à une quarantaine de millions.

Massa, entre Spezia et Viareggio, à quelque distance de la côte. Ce sont les villes principales de l'ancien duché de Massa et Carrara, près de célèbres carrières de marbre. La ville de Massa est construite sur une hauteur pittoresque et entourée de vieilles fortifications.

Cecina, au sud de Livourne, près de l'embouchure de la rivière du même nom.

Piombino, à l'extrémité d'un promontoire qui fait face à l'île d'Elbe, distante de 12 kilomètres.

L'île d'Elbe possède six baies excellentes et deux bons ports (Porto Ferrajo [1] au nord et Porto Longone à l'est). Ce serait une excellente base d'opérations pour un corps ennemi opérant en Toscane. Aussi, doit-on compléter les défenses de l'île, qui sont aujourd'hui absolument insuffisantes. Grâce à la topographie du pays, la défense locale serait, du reste, facile.

Mer Tyrrhénienne.

L'île d'Elbe sépare la mer Ligurienne de la mer Tyrrhénienne. La mer Tyrrhénienne est, en quelque sorte, une mer fermée, comprise entre la côte italienne, la Sicile, la Sardaigne la Corse, et l'île d'Elbe ; elle est très profonde [2].

Jusque vers Gaëte, les rivages sont, en général, bas, précé dés de bancs de sable, souvent malsains et marécageux, par conséquent assez peu abordables.

Telle est la côte des Maremmes, entre Piombino et le monte Argentaro ; telle est aussi celle des marais Pontins, près de Terracine.

Le promontoire du monte Argentaro et Civita Vecchia sont les deux points les plus intéressants. La possession du monte Argentaro permettrait de couper les routes de Rome à la Tos-

[1] Porto Ferrajo est le port principal. On y exploite de riches minerais de fer.

[2] La sonde mesure 3,730^{m}, sur le méridien de Rome et sur le parallèle 41°.

cane. Civita Vecchia tire son importance de la proximité de Rome (72k).

A partir de Piombino, les points notables de la côte sont :

Talamone, petit port, bon ancrage.

Le promontoire fortifié du **monte Argentaro**, rocher dont les falaises s'élèvent à 500 mètres et le sommet à 630 mètres au-dessus de la mer ; il est réuni à la terre ferme par trois bandes étroites, sortes de chaussées à travers des marécages. La petite place d'Orbetello commande celle du milieu. Deux bons ports, San Stefano au nord, Porto Ercole au sud, sont au pied du rocher, qui les domine à 3 kilomètres de distance. Les ouvrages existants sont sans valeur sérieuse.

En face, se trouve l'île del Giglio.

Civita Vecchia, port militaire de Rome, possède un arsenal et des chantiers de construction. Ses fortifications sont en maçonneries découvertes et le protègent insuffisamment du côté de la mer comme du côté de la terre.

Fiumicino, à l'embouchure du Tibre (r. d.), est relié à Rome par un chemin de fer.

Ostie, à l'embouchure du Tibre (r. g.), ancien port comblé par les atterrissements du fleuve, est actuellement à une certaine distance de la mer.

Porto d'Anzio, port médiocre.

Le promontoire du monte Circeo, où commence le golfe de Gaëte.

Terracine, qui commande une des deux routes qui conduisent de Rome à Naples, par Gaëte.

A partir de Gaëte jusqu'à Salerne, la côte est facilement abordable.

Tout en étant secondaire à cause de l'éloignement de Rome, objectif principal d'un invasion,une opération dans les golfes napolitains n'en aurait pas moins des conséquences sérieuses pour l'Italie, car la prise de Naples et la ruine des chantiers de Castellamare porteraient un coup des plus sensibles à la puissance maritime italienne.

Gaëte est une ancienne place forte napolitaine, prise par les garibaldiens en 1861. Ses fortifications, malgré quelques améliorations récentes, ne sont plus en rapport avec les progrès de l'artillerie actuelle.

En face du golfe de Gaëte se trouve un groupe d'îles, dont l'une, l'**Isola Ponza**, porte quelques fortifications. Cette île défend l'entrée d'une rade assez sûre qui commande toute la côte du golfe de Gaëte.

Le golfe de Naples, que domine le superbe cône du Vésuve, est un des plus beaux du monde; il est compris entre les îles de Procida et d'Ischia, au nord, l'île de Capri et la presqu'île de Sorrente au sud. Tous les poètes ont chanté cette côte merveilleuse.

Naples n'a pas reçu de fortifications. La commission de défense de 1871 rangeait cependant parmi les travaux les plus urgents ceux destinés à couvrir cette importante cité, centre principal du commerce, des richesses et de la vie de l'Italie méridionale; mais la topographie du terrain ne s'y prêtant pas, on a abandonné les projets.

Les îles de Capri et d'Ischia sont, en effet, trop éloignées l'une de l'autre (16 kil.) pour interdire l'entrée de la baie, et la ville de Naples s'élève en amphithéâtre au-dessus d'une mer mer profonde qui permettrait aux cuirassés d'arriver à bonne portée de bombardement.

Sans défenses, Naples est mieux protégée par ses richesses artistiques que bien des villes de guerre par leurs murailles. L'ennemi pourra y tenter un débarquement, mais ses canons respecteront la ville elle-même.

Le port offre de nombreuses ressources, son activité est considérable, surtout depuis que la navigation à vapeur permet de franchir facilement le détroit de Messine, et que les chemins de fer relient Naples au reste de l'Europe. C'est là que les navires qui viennent de Marseille, et même des mers du nord, font une dernière escale sur les côtes de l'Europe, pour prendre leurs passagers retardataires et quelques marchandises légères, avant de faire route pour l'Orient[1].

[1] La rupture du traité de commerce franco-italien a amené la suspension des escales des navires français.

Dans le golfe de Naples se trouvent aussi :

Baïa, jadis séjour favori des grands de Rome;

le port de Pouzzoles, avec les établissements Armstrong ;

et les vastes chantiers de Castellamare, qui ont fourni à l'Italie quelques-uns de ses plus grands cuirassés.

Au sud de Naples, on ne trouve plus de ports importants. Les principales localités maritimes sont Amalfi, Salerne, qui pourraient servir de points de débarquement pour une tentative contre Naples;

Policastro, Sainte-Euphémie, au fond des golfes de même nom ;

le petit port de Pizzo, autrefois fortifié, dans le golfe de Sainte-Euphémie.

Toute cette côte, jusqu'au détroit de Messine, est dominée par les contreforts de la montagne. Elle n'offre que des débouchés difficiles à travers un pays coupé, sans ressources et éloigné de tout objectif stratégique.

Sicile.

La Sicile a la forme d'une pyramide triangulaire, dont les angles de bases sont déterminés par trois promontoires célèbres : celui du Pelore (aujourd'hui cap Faro), à 8 kil. au nord de Messine; celui de Lilybée (cap de Marsala), regardant l'Afrique et celui de Pachynum (cap Passaro), regardant la Grèce.

Le sommet de la pyramide est au Pic **Antenna** (1212^m) dans la chaîne des monts **Nebrodes** qui borde la côte nord et dont le point culminant est au mont **Sorri** (1846^m). A l'ouest du Pic Antenna, le mont **Madonia** atteint 1975 mètres. La chaîne qui, se terminant au cap Passaro, sépare le versant est du versant sud croise les monts Nebrodes au Pic Antenna. Dans l'espace triangulaire qui est ainsi formé à l'est, se dresse la masse volcanique de l'**Etna** (3313^m) au-dessus du port de Catane.

Entre les mains d'une puissance maritime, la Sicile est appelée à jouer un rôle considérable pour la domination de la Méditerranée. Aussi, a-t-elle toujours été convoitée; elle a successivement appartenu, depuis l'époque moderne, aux Normands, aux princes d'Anjou, aux Espagnols, aux Napolitains; ses richesses naturelles, céréales, vignes, oranges, sont encore importantes; elles étaient autrefois plus considérables. La Sicile était un des greniers de Rome.

La Sicile est séparée du continent par le détroit de Messine [1], que borde la chaîne des monts Pelores.

Messine, bon port, vaste et sûr, commande le détroit avec une série d'ouvrages établis sur les côtes de Sicile et de Calabre.

Sur la côte de Sicile, les ouvrages comprennent ceux du camp retranché de Messine et ceux qui ont plus spécialement pour but de barrer le détroit.

Le camp retranché est formé par six ouvrages sur les hauteurs qui couronnent la ville.

Les ouvrages destinés à commander le détroit s'étendent depuis la batterie du Faro, armée de pièces à longue portée, tirant sous coupoles cuirassées et croisant ses feux avec ceux de la côte de Calabre (batterie de Torre Cavallo) jusqu'à la hauteur de Reggio (Calabre). Les ouvrages sont de construction récente et puissamment armés.

La côte de Calabre, qui forme l'autre rive du détroit, présente, jusque vers Reggio, une suite ininterrompue de batteries rasantes et plongeantes, aussi fortement armées que celles de l'autre rive (7 batteries, 5 forts, dont 2 en projet). Leur action doit être complétée par des torpilleurs.

Une flotte qui voudrait bloquer Messine devrait se diviser en deux escadres indépendantes, dont l'une prendrait position au nord et l'autre au sud du détroit; elles ne pourraient se réunir pour s'opposer à une sortie de l'escadre bloquée.

[1] La largeur du détroit est de 3 kil. à son extrémité nord, en face des célèbres rochers de Scylla, de 5 kil. devant Messine, et de 10 kil. à Reggio.

Placée à Messine, une flotte italienne serait à portée de s'opposer à un débarquement sur les côtes siciliennes ou dans les rades napolitaines.

Les côtes de Sicile sont, en général, escarpées et difficilement abordables. Elles présentent cependant un nombre assez considérable de points de débarquement.

Les principaux ports sont :

Sur la côte septentrionale : Milazzo, dont la défense se relie à celle de Messine; Cefalù; **Palerme**, capitale de l'île, port assez médiocre, mais à proximité de bons mouillages, protégés par d'anciens ouvrages.

Sur la côte orientale : Catane au pied de l'Etna; Agosta et Syracuse, bons ports, qui ont de vieux ouvrages et pourraient servir d'appui à une flotte opérant dans les eaux de la mer Ionienne.

Sur la côte méridionale : Pozzolo; Terra Nova; Licata, qui est reliée par un chemin de fer à Catane; Empedocle, le port de Girgenti, qui est également relié à Palerme et à Catane par une ligne ferrée; Marsala, assez bon port, avec une belle plage de débarquement à proximité; Trapani, bon port et bon mouillage.

Dans l'intérieur même de l'île, on trouverait une région montagneuse propre à la résistance entre Nicosia, Castrogiovanni et Santa Catarina, à égale distance des trois grandes villes de Palerme, Girgenti, et Catane.

Castrogiovanni est situé sur la grande route et sur le chemin de fer de Girgenti à Catane. De ce point, on peut rayonner dans toutes les directions.

Le chemin de fer de Girgenti à Palerme et à Catane, et le chemin de fer côtier de Messine à Syracuse, faciliteraient la défense.

C'est par la Sicile que Garibaldi attaqua le royaume des Deux-Siciles. Débarqué à Marsala, le 11 mai 1860, avec environ neuf cents hommes, il s'empara de Palerme après avoir battu les troupes royales, et marcha sur Messine. Ses forces, rapidement grossies par un grand nombre de volontaires, remportèrent encore l'avantage dans un combat livré à Milazzo. Il fut alors maître de toute l'île, à l'exception de la citadelle de Messine qui, par un accord réciproque, fut neutralisée. Il passa ensuite sur la terre ferme par Reggio et marcha sur Naples (7 septembre 1860), tandis que le roi François II concentrait, à Capoue, les débris de son armée (40,000 hommes environ).

Les **îles Éoliennes**, ou **de Lipari**, sont une dépendance de la Sicile. Elles sont volcaniques et situées sur la ligne qui joint le Vésuve et l'Etna.

Elles comprennent : Lipari, 14,000 hab.; Vulcano, environ 100 hab.; Panaria, 200 hab.; Stromboli, 500 hab.; Salina, 4,500 hab.; Filicuri, 800 hab.; Alicuri, 300 hab. (population en 1871) et plusieurs autres îlots.

Lipari est la plus importante et la plus peuplée. — C'est là que se recueillent surtout les pierres ponces.

Vulcano, à 1 kil. de Lipari, n'est qu'un amas de scories, sans végétation, avec un volcan ayant un cratère de 2 kil. de circonférence, d'où s'échappent des gaz ou des vapeurs.

Le volcan de Stromboli est toujours en activité, mais peu dangereux.

L'île de **Pantelleria** dépend de la Sicile ; elle est très importante par sa position entre la Tunisie et la Sicile, à 60 kil. env. de la côte d'Afrique et à 90 kil. env. de la Sicile : 6,000 hab., 103 kil. c., à 7 heures de Marsala, à 10 heures de Tunis, mais à 3 heures seulement des côtes du cap Bon. Elle a quelques fortifications et servirait d'appui à une flotte qui prétendrait commander le passage entre les deux bassins de la Méditerranée. Elle a pour chef-lieu le petit port d'Oppidoletto, qui est un lieu de détention.

Iles Pélagie. — Dans le sud de Pantelleria, entre Malte et la côte tunisienne, sont les îles Pélagie : **Linosa**, 900 hab., 12 kil. c.; **Lampedusa**, 600 hab., 8 kil. c., avec un phare; **Lampione**, d'origine volcanique; ces noms rappellent les feux qui servaient à éclairer le passage.

Corse[1].

La Corse et la Sardaigne, dans le prolongement l'une de l'autre, également montueuses et sauvages, séparées par un étroit bras de mer, semblent être les sommets émergés d'une même chaîne de montagnes, orientée du nord au sud.

La Corse a été longtemps rattachée à l'Italie ; elle a appartenu aux Pisans, puis aux Génois. Ceux-ci, ne pouvant dompter les révoltes incessantes de l'île, la vendirent à Louis XV (1768). En 1793, elle se donna aux Anglais, mais ils en furent expulsés en 1799.

L'ossature de la Corse est formée par une chaîne continue dont les sommets principaux sont le **monte Cinto** (2,710^{m}), point culminant de l'île; le monte Rotondo (2,625^{m}); le monte Doro (2,652^{m}); l'Incudine (2,136^{m}).

La côte qui regarde l'Italie est presque droite. Elle est, en certains points, bordée de marais, d'étangs et n'a que deux ports : Bastia, port fortifié, en face de l'île d'Elbe et de Livourne; Porto Vecchio au sud, le meilleur de l'île.

Sur le détroit qui sépare la Corse de la Sardaigne, des batteries ont été récemment construites pour défendre le petit port de Bonifacio.

La côte occidentale est, au contraire, profondément échancrée par de beaux golfes qui offrent d'excellents ports et des mouillages sûrs : Saint-Florent, Calvi, Porto, Sagone, **Ajaccio**, la capitale de l'île, et Valinco. Au sud, Propriano, près des Bouches de Bonifacio, a quelque importance.

[1] Voir tome VI, *La Méditerranée*.

Peu accessibles en général, les côtes ne se prêteraient pas à un débarquement. Elles manquent d'ailleurs de communications faciles avec l'intérieur où se trouve le réduit de la défense.

Ajaccio et les principaux ports ont quelques fortifications qu'il conviendrait de remanier.

Sardaigne.

La Sardaigne est séparée de la Corse par un détroit de 15 kilomètres de large, les Bouches de Bonifacio, dont le passage n'est pas sans danger dans les mauvais temps.

A l'entrée orientale du détroit, entre les îles de Caprera[1] et de la **Maddalena**, les Italiens ont organisé une superbe rade fortifiée. C'est, pour les flottes italiennes, une position de premièra importance.

De ce mouillage, une escadre italienne commanderait les Bouches de Bonifacio, surveillerait toute la côte de Marseille à Gaëte, prendrait en flanc la ligne d'opérations d'une escadre française destinée à protéger un débarquement sur les côtes tyrrhéniennes, et aurait la possibilité d'arriver en moins de huit heures sur le point attaqué. La bloquer serait une opération très difficile et très dangereuse. La rade de la Maddalena a, en effet, deux issues, l'une vers l'est (ou passe de Scirocco), l'autre vers le nord-ouest (ou passe de Maestro), ce qui obligerait la flotte de blocus à se séparer en deux escadres, qui ne pourraient se réunir pour repousser une sortie.

[1] Caprera a été la résidence de Garibaldi jusqu'à sa mort.

Les travaux de défense ont pour but d'interdire l'accès de la rade à l'ennemi, avec ou sans le secours d'une escadre. On a construit **4** forts sur les points sud de la Maddalena (canons Krupp de **110** tonnes), 2 forts dans l'îlot de Caprera et 2 ouvrages dans l'île de San Stefano, au centre du bassin. Tous ces ouvrages sont de construction récente et puissamment armés. Ces fortifications seront sans doute encore augmentées.

La Sardaigne est montagneuse comme la Corse, mais moins accidentée. Son sommet principal est le **Gennargentu** (1940^{m}), au centre de l'île; le groupe du Limbara (1520^{m}), au nord; mais les montagnes présentent des reliefs désordonnés, confus, et en font un pays sauvage et difficile.

On y trouve deux assez grandes plaines, longues et étroites, le Campo d'Ozieri, au nord; il communique avec le golfe de Terra Nova; et le Campidano au sud-ouest; celui-ci long de 70 kilomètres, entre Cagliari et Oristano.

Le sol est fertile; la Sardaigne a été une des nourrices de Rome, mais l'agriculture est arriérée, le climat malsain, excepté sur les montagnes, et, malgré ses mines de houille, de fer, de plomb, de cuivre, etc., la Sardaigne est pauvre.

Son principal cours d'eau est le **Tirso**, qui traverse diagonalement l'île du nord-est au sud-ouest, et finit dans le golfe d'Oristano; ses crues sont considérables et interceptent les communications entre les deux parties de l'île.

Les côtes, moins découpées que celles de la Corse, offrent cependant quelques abris : Terra Nova, au nord-est; Palmas, au sud-ouest; Oristano et Porto Conte, près d'Alghero, à l'ouest; Tortoli, à l'est, au pied de la montagne de l'Ogliastra; Porto Torres, qui est le port de Sassari; et Cagliari.

Les deux villes de la Sardaigne sont : Sassari, au nord; Cagliari, au sud. Un chemin de fer, qui traverse l'île du nord au sud, relie Sassari et Terra Nova à Cagliari, en passant au centre de l'île, par Macomer.

Cagliari (30,000 habitants environ), capitale de l'île, est défendue par de vieux ouvrages insuffisants; elle a une bonne rade.

A l'extrémité sud-ouest dans le golfe de Palmas, qui s'ouvre sous l'île de Sant' Antioco, on trouve une plage de débarquement assez favorable.

L'île de Sant' Antioco et sa voisine, San Pietro, favoriseraient l'attaque si l'ennemi y prenait pied.

Sassari, à quelques lieues de la côte, est la seconde ville; elle a pour port Porto Torres, dans le golfe d'Asinara, que ferme l'île de même nom. Sassari est le point d'attaque du nord, comme Cagliari est l'objectif du sud.

Sur la côte occidentale, on attaquerait Oristano, où vient toucher le chemin de fer. Oristano et Cagliari se trouvent aux deux extrémités de la plaine de Campidano.

Les rois de Sardaigne ont résidé dans l'île de 1798 à 1814.

Mer Ionienne.

Les côtes de Sicile et d'Italie sur la mer Ionienne, du cap Passaro au cap Spartivento et au cap Santa Maria di Leuca, regardent la Grèce. Le golfe de Squillace, symétrique du golfe de Sainte-Euphémie, resserre l'extrémité de la Calabre.

A 10 kil: de ses côtes est Catanzaro, chef-lieu de la province de la Calabre ultérieure IIe.

Au nord du cap Colonne, qui sépare le golfe de Squillace de celui de Tarente, est le port assez fréquenté de Cotrone (l'ancienne Crotone).

Toute cette côte était autrefois couverte de colonies grecques, ce qui a fait donner à cette partie de l'Italie le nom de Grande Grèce. C'est là que se trouvaient les célèbres villes de Sybaris et d'Héraclée. C'est par là que Pyrrhus envahit l'Italie, c'est par là qu'Annibal put enfin rétablir ses relations avec Carthage. Dans l'antiquité, cette région avait donc une grande importance; de nos jours, le centre de gravité de la politique européenne s'étant déplacé vers le nord, elle a perdu de son intérêt; autrefois populeuses et riches, ces côtes sont maintenant désertes et insalubres, et, de plus, elles ont été, pendant longtemps, infestées par le brigandage. Cependant les relations de plus en plus fréquentes avec l'Orient et le canal de

Suez peuvent y ramener la vie qui s'en est éloignée. Facilement abordables, elles se prêteraient à un débarquement de vive force.

Tarente, arsenal de réparations pour la marine militaire, est la base d'opérations principale de la flotte italienne dans la mer Ionienne.

La ville est bâtie sur une langue de terre qui sépare deux rades excellentes, susceptibles de contenir les flottes les plus nombreuses : la grande rade, isolée du large par les petites îles de Saint-Pierre et Saint-Paul [1] et la mer intérieure (mare Piccolo). Les grands bâtiments ne peuvent entrer dans la grande rade que par une seule passe, au sud de l'île Saint-Paul. Un canal navigable pour les plus gros navires (60 m. de largeur sur 12 m. de profondeur) relie les deux rades à travers la ville.

On a projeté d'établir, comme à la Spezia, des ouvrages sur les hauteurs qui dominent la ville. Dans son état actuel, Tarente ne pourrait résister à l'attaque vigoureuse d'une flotte cuirassée.

Tarente est en communication par chemin de fer avec Bari et Brindisi sur l'Adriatique, avec Salerne par Potenza sur la mer Tyrrhénienne et avec Reggio et la Sicile.

Mer Adriatique.

La péninsule italique est séparée des côtes d'Albanie par un détroit de 25 lieues de large, le canal d'Otrante, par lequel communiquent la mer Ionienne et la mer Adriatique.

Les côtes italiennes de l'Adriatique sont naturellement protégées par les difficultés d'approche, par de forts courants, des brouillards fréquents, et par les vents du nord qui rendent la navigation fort périlleuse. Les villes de la côte

[1] On construit actuellement un fort à coupoles cuirassées sur chacune de ces îles.

ont des rades ou des ports, mais tous de peu d'importance, à l'exception de Venise, d'Ancône, et de Brindisi.

Le monte Gargano, au pied duquel est creusé le golfe de Manfredonia, est le seul promontoire qui accidente les rivages italiens de l'Adriatique.

Otrante, qui donne son nom au canal, est le point terminus des chemins de fer de la côte de l'Adriatique.

Les principaux points de la côte sont, en partant du sud :

Brindisi, port de commerce défendu par quelques batteries sans grande valeur, a pris un grand développement depuis la construction du chemin de fer qui en a fait le principal port d'échange avec l'Orient. Les relations de l'Angleterre avec les Indes se font par Brindisi, le Mont-Cenis, ou le Saint-Gothard. Ce port pourrait abriter une flotte chargée de défendre le canal d'Otrante.

Bari, point de départ du chemin de fer de Tarente.

Trani, port de commerce.

Barletta, un des meilleurs ports de la côte.

Manfredonia. En 1860, quand les Italiens envahirent les États-Pontificaux, un détachement composé de neuf régiments d'infanterie et d'une batterie, fut débarqué dans le golfe de Manfredonia et devait se diriger sur Bénévent pour se porter ensuite, suivant les événements, vers Capoue ou vers Naples ; la défaite des troupes pontificales à Castelfidardo ne rendit pas cette diversion nécessaire.

Pescara, point de départ du chemin de fer qui relie Rome avec l'Adriatique par Orte, Terni, Rieti, Aquila, et Popoli.

Numana se prête à un débarquement pour des troupes qui se proposeraient d'assiéger Ancône.

Ancône, place à laquelle les Autrichiens avaient toujours attaché une grande valeur ; elle appartenait aux États de l'Église, les Piémontais l'assiégèrent et la prirent en 1860.

Le port est petit, très ensablé et ne pourrait donner abri à une grande flotte, dont une partie devrait mouiller dans la rade, qui n'est pas défendue.

Les fortifications se composent des batteries destinées à la défense du port, du noyau, et des forts détachés du côté de la terre. Les batteries de côte, avec murailles nues, ne suffiraient pas pour défendre le port. L'enceinte est suffisamment entretenue pour mettre la ville et le port à l'abri d'un coup de main du côté de la terre.

Deux lignes de forts détachés, de construction ancienne et sans grande valeur, permettraient cependant à la place d'offrir une certaine résistance contre une attaque par terre.

Comme établissement maritime, Ancône est complètement abandonné.

Au nord d'Ancône : Falconara, point de départ du chemin de fer de Rome par Foligno.

Senigallia, Fano, Pesaro, Cattolica, Rimini, points de départ de routes qui traversent les Abruzzes.

Ces petits ports se trouvent à l'embouchure des cours d'eau qui tombent dans l'Adriatique et sont souvent ensablés ; on les appelle *porti canali*.

La partie de la côte la plus favorable à un débarquement se trouve entre l'embouchure du Chienti au sud d'Ancône et celle du Metauro au nord. C'est encore là que viennent aboutir les routes des Abruzzes qui ouvrent les lignes d'opérations les plus courtes pour marcher sur Rome.

Près de Rimini tombe le Rubicon, qui formait la limite ancienne de l'Italie romaine.

Au nord commencent les côtes basses de la Marche de Ravenne, formées par les atterrissements du Pô. Ravenne est maintenant à une assez grande distance de la mer.

Le delta du Pô est très étendu ; la branche la plus méridionale, Pô di Primaro, enveloppe au sud les grandes lagunes di Comacchio, qui sont enveloppées au nord par le Pô di Volano.

La branche principale, **Pô della Maëstra,** n'est guère plus praticable pour les bateaux que les bras secondaires, et cependant c'est seulement par l'embouchure des rivières que cette portion de côtes est abordable. En 1813, les Autrichiens jetèrent dans le Pô di Volano un corps de 2 à 3,000 hommes, qui, marchant rapidement sur Ferrare, s'en empara sans coup férir et tourna les positions que le vice-roi Eugène défendait sur la ligne de l'Adige et de l'Alpone.

Jusqu'aux rochers de la presqu'île d'Istrie qui appartient à l'Autriche, toute cette côte est donc très inhospitalière. C'est cependant au milieu des lagunes qui l'isolaient de la terre ferme et la protégeaient du côté de la mer, qu'a grandi **Venise** dont les flottes dominaient les mers de l'Orient et en absorbaient en quelque sorte le commerce, tandis que les mercenaires, que ses richesses lui permettaient d'entretenir, imposaient son autorité et parfois sa tyrannie sur un grand territoire de terre ferme.

Venise est le port principal de l'Adriatique. Il pourrait être la base d'opérations de la flotte italienne dans le nord de cette mer. Ses lagunes serviraient de refuge aux bâtiments de commerce.

On n'y peut pénétrer que par quatre passes (Tre Porti, San Erasmo, Lido, et Malamocco) défendues par des ouvrages élevés sur les *lidi*, longues bandes de terre qui protègent la ville du côté de la mer. La passe de Malamocco est la plus profonde; on ne peut pénétrer au Lido qu'avec une certaine prudence.

Venise, de même que Naples, pourrait être bombardée à grande distance et détruite, mais ce serait un acte de vandalisme que ne voudrait commettre aucun peuple civilisé.

Du côté de la terre, la tête de pont de **Malghera** et quelques ouvrages moins importants commandent les voies d'accès et, en particulier, la digue de 4 kilomètres sur laquelle est construit le chemin de fer qui relie Venise à la terre ferme. La tête de pont consiste en plusieurs redoutes revêtues, dont les abords sont protégés par les inondations des lagunes.

Venise est aujourd'hui une ville pauvre, dont les palais, la plupart délabrés, ont été dépouillés d'une grande partie de leurs richesses. Elle vit de ses souvenirs, de ses musées, de ses œuvres d'art, de l'incomparable beauté de son ciel, et du charme de ses lagunes; c'est une ville unique au monde, bâtie au milieu de la mer, mais sans eau potable, sans verdure, sans arbres. Aucune rue ne serait assez large pour une voiture; aussi est-elle singulièrement silencieuse et offre-t-elle un contraste frappant avec les autres villes maritimes de l'Italie dont la population est si vive et si bruyante.

L'Autriche, lorsque Venise lui appartenait, en avait fait son principal arsenal maritime. En 1859, la flotte française se montra devant son port, mais cette démonstration était peu sérieuse, car jamais on ne songea à un bombardement.

Au fond du golfe était la célèbre *Aquilée*, grande cité maritime de l'antiquité, et qui n'est plus aujourd'hui qu'une bourgade, Aquileja, à une grande distance de la mer.

En face de Venise, l'Autriche-Hongrie possède Trieste et Fiume dont l'importance commerciale est considérable. Depuis la perte de la Vénétie, elle a développé le port de Pola et en a fait la station de sa flotte de guerre [1].

Les points de débarquement sont nombreux sur les côtes italiennes. Le réseau ferré est trop peu développé et la ligne de la côte est trop exposée aux entreprises de l'ennemi pour que l'on puisse compter sur les troupes de la défense mobile. La défense maritime locale, malgré les soins apportés à son organisation, ne saurait remédier entièrement à ce danger. C'est donc aux escadres italiennes qu'appartiendrait surtout la mission de défendre les rivages du royaume. Aussi les Italiens ont-ils fait de grands efforts pour développer leur flotte et pour lui préparer des bases d'opérations et des mouillages avantageux :

dans les mers Ligurienne et Tyrrhénienne, Spezzia, la Maddalena, Messine ;

dans la mer Ionienne, Tarente ;

dans la mer Adriatique, Venise.

[1] Voir tome IV, *Autriche-Hongrie*.

CONSIDÉRATIONS GÉNÉRALES

L'unité italienne s'est rapidement consolidée en dépit des difficultés intérieures, dont le nouveau royaume n'a pas encore complètement triomphé. Unir dans une même communauté de sentiments politiques, les Lombards et les Siciliens, les Toscans et les Calabrais, appeler à la vie politique des populations ignorantes, rétablir la paix publique dans des provinces désolées par le brigandage, contenir les partisans des princes déchus, compter avec les chefs du parti révolutionnaire, à l'initiative desquels était dû le succès du mouvement unitaire, régler les questions religieuses, et établir, dans la même capitale, un *modus vivendi* entre le Saint-Siège et le nouveau royaume d'Italie; enfin, malgré la pénurie des finances, des recettes insuffisantes, un déficit croissant annuellement, créer une flotte et des arsenaux, organiser une armée, élever des fortifications, c'était une tâche gigantesque à laquelle les hommes d'État que les circonstances ont successivement placés à la tête du gouvernement de l'Italie, se sont patriotiquement dévoués. On doit leur rendre cette justice, que l'œuvre accomplie, prise dans son ensemble, est considérable. Les Italiens ont donné l'exemple de la plus grande activité dans toutes les branches; ils ont rapidement acquis le droit d'être représentés et écoutés dans le concert des nations européennes.

C'est à l'influence et aux armes françaises que l'Italie

doit d'avoir pu s'unifier ; la France a aidé avec sympathie à ses premiers efforts.

Plus tard, les entraves qu'imposait cette tutelle, parurent gênantes au jeune royaume ; il chercha d'autres appuis et les trouva dans l'Allemagne du Nord[1].

En 1866, la Prusse accueillit volontiers le concours de l'Italie, dont l'alliance allait diviser les forces de son adversaire. La France, par un acte de politique à courtes vues, encourageait, du reste, cette alliance.

La Prusse était le seul État qui pût soutenir l'Italie dans sa lutte contre le Pape que la France protégeait de ses troupes. L'Italie sut en profiter, et, plus tard, l'entrée des troupes italiennes dans Rome, dont la garnison française était rappelée, fut une des conséquences des désastres subis par la France dans la campagne de 1870.

Depuis cette époque d'ailleurs, les faits accomplis ont été acceptés par tous les gouvernements et l'Italie pourrait consacrer ses forces au développement de sa prospérité intérieure sans avoir rien à craindre de ses voisins. On a pourtant mis une activité fébrile à élever des fortifications dispendieuses sur la plupart des passages des Alpes, du côté français. Ces dépenses, jointes à celles faites pour la flotte de guerre et pour les entreprises coloniales ont peut-être excédé les forces du jeune royaume.

Pendant un certain temps, l'agitation entretenue par les comités, qui ont pris pour mot d'ordre : *Italia irredenta*, ramenait des appréhensions au sujet du maintien de la paix sur la frontière autrichienne, et tendait

[1] Voir *Un peu plus de lumière sur les événements de* 1866, par le général La Marmora. Paris, Dumaine.

parfois les rapports entre l'Italie et l'Autriche-Hongrie. L'agitation irrédentiste se manifeste encore de temps à autre, mais l'entrée de l'Italie dans l'alliance allemande lui imposait l'obligation d'avoir de bons rapports avec l'Autriche; et, malgré une certaine réserve froide de la part de celle-ci, les souverains des deux pays ont eu des entrevues courtoises, sinon tout à fait cordiales.

La politique de la France vis-à-vis du Saint-Siège et l'appui qu'elle prêtait au pape, avaient été une des causes de la désaffection de l'Italie. Bien que l'Italie ne puisse plus avoir d'inquiétudes à ce sujet, il semble qu'elle n'ait point perdu toute aigreur.

L'occupation de la Tunisie a été une occasion nouvelle de mécontentement, certains partis ayant voulu y voir une atteinte portée aux intérêts, voire même à de prétendus droits éventuels de l'Italie. Aussi, entendait-on dire couramment que, si une guerre nouvelle éclatait entre la France et l'Allemagne, la France aurait également l'Italie pour adversaire, et que celle-ci revendiquerait les provinces cédées en 1860.

L'Italie est aujourd'hui l'une des puissances contractantes de la Triple Alliance; on dit que des plans de transport ont été élaborés pour envoyer, par la ligne du Brenner, des corps d'armée italiens sur la frontière autrichienne de Galicie, et aussi sur la frontière allemande du Rhin, tandis que d'autres corps menaceraient les Alpes. De pareilles combinaisons, s'il est vrai qu'elles aient été conçues, ne sauraient avoir une longue durée. Quoi qu'il en soit, une guerre entre la France et l'Italie, alliée de l'Autriche, serait singulièrement choquante tant que vivront les générations qui ont combattu de part et d'autre à Magenta et à Solferino.

L'Italie s'est laissé séduire par les avances de la diplomatie allemande. Elle a été sensible aux flatteries que lui ont prodiguées, suivant la consigne donnée, les ministres, les généraux, les princes allemands ; mais un jour ou l'autre viendra où ses hommes d'État ramèneront sa politique dans une voie plus conforme aux traditions du passé et à ses véritables intérêts d'avenir.

Seule, livrée à ses propres forces, l'Italie pourrait-elle affronter une guerre avec une des grandes puissances limitrophes? Il est peu probable que l'expérience en soit faite; mais son alliance serait certainement un appoint sérieux dans une guerre européenne; l'intérêt de l'Italie devrait pourtant l'éloigner des conflits armés qui peuvent éclater entre les puissances de l'Europe centrale. C'est dans le bassin méditerranéen et vers l'Orient qu'elle doit naturellement diriger son expansion extérieure. Par l'extension de ses côtes et par les aptitudes des 200,000 marins qui vivent sur le littoral, elle est appelée à devenir une grande puissance maritime; il suffit de jeter les yeux sur une carte de la Méditerranée pour voir quels sont les avantages que lui promet sa position géographique.

Soudée en quelque sorte à l'Europe par les massifs des Alpes, la péninsule italienne, par ses frontières de l'ouest, du nord, et de l'est, est à même de participer au mouvement commercial de la France, de l'Allemagne, et de l'Autriche; l'achèvement de nouveaux chemins de fer transalpins rendra les échanges plus faciles encore, et l'Italie, grâce à ses ports méridionaux, peut devenir le comptoir naturel d'échanges entre l'Orient, d'une part, l'Europe septentrionale et occidentale, de l'autre.

C'est à sa situation privilégiée, au centre du monde connu des anciens, que **Rome** dut, en partie, sa grandeur. Les Italiens aiment à rappeler ce souvenir.

L'Italie est encore aujourd'hui au centre du monde civilisé ; son nom a toujours un grand prestige pour les esprits cultivés ; berceau de la Renaissance, elle a exercé une influence prédominante sur la civilisation moderne. Cette influence existe toujours.

Rome, capitale du royaume italien, est restée la capitale du monde catholique et la résidence du Pape, dont la souveraineté spirituelle est toujours intacte, et auprès duquel, en conséquence, la plupart des États chrétiens entretiennent des ambassadeurs, mais le domaine temporel des papes est restreint au palais du Vatican, et leur garde particulière ne peut en franchir l'enceinte. Aussi les relations sont-elles très délicates, non seulement entre le gouvernement italien et le Saint-Siège, mais encore entre les représentants des puissances, les uns accrédités auprès du Quirinal, c'est-à-dire auprès du roi d'Italie ; les autres, auprès du Vatican, et qui ont à tenir compte d'intérêts différents et parfois opposés.

On peut être étonné que cette situation dure depuis plus de vingt ans ; elle peut cependant se prolonger longtemps encore. Le Pape, il est vrai, ne cesse de protester contre l'usurpation dont il est victime et le roi d'Italie profite de cette usurpation ; mais, pour bien comprendre cet état de choses, il ne faut pas perdre de vue, d'une part, que le Pape est Italien, de l'autre, que les Italiens, en majorité, et plusieurs des membres même de la famille royale, sont des catholiques fervents. Il semblerait donc que, malgré les protestations officielles, il y a entre les uns et les autres comme un accord tacite, inavoué, inconscient peut-être, basé sur une bienveillance paternelle de la part du Saint-Siège, sur un respect filial de la part des Italiens, même des Italiens révolutionnaires, de sorte qu'en dépit des contradictions superficielles de la politique, Rome et la Papauté restent indissolublement liées.

NOTES SUR L'ARMÉE ITALIENNE.

Recrutement de l'armée. — Réserves.

Le service est personnel et obligatoire de 20 à 39 ans (loi de 1875, complétée en 1882 et modifiée par la loi de 1888). Il est divisé en service actif, service dans la milice mobile et dans la milice territoriale.

Sur 347,000 hommes (moyenne des années 1885 à 1889) qui atteignent annuellement l'âge du recrutement, on reconnaît 183,000 hommes environ aptes au service.

Ils sont divisés en trois catégories :

1re catégorie :	contingent actif..........	82,000 hommes.
2e —	portion non incorporée...	16,000 —
3e —	dispensés...............	85,000 —
		183,000 hommes.

Les hommes de la première catégorie comptent :
- 3 ans dans l'armée active.
- 5 — la réserve (congé illimité).
- 4 — la milice mobile.
- 7 — la milice territoriale.

Les cavaliers restent 4 ans dans l'armée active, mais, comme compensation, passent directement de la réserve dans la milice territoriale, où ils comptent pendant 10 ans (il n'y a donc pas de cavalerie dans la milice mobile).

Les soldats du train passent seulement 2 ans sous les drapeaux.

Les hommes de la deuxième catégorie comptent :
- 6 mois de service actif.
- 8 ans en congé illimité.
- 4 ans de milice mobile.
- 7 ans de milice territoriale.

Les hommes de la troisième catégorie sont incorporés dans la milice territoriale, où ils restent 19 ans.

Tout citoyen, à quelque classe de l'armée qu'il appartienne, peut être appelé, à un moment quelconque, pour concourir au maintien de la paix publique. En principe, ce service spécial, qu'on appelle service de la *milice communale,* ne doit pas durer plus de 8 jours. Les armes des miliciens sont, dans chaque commune, confiées aux municipalités.

En résumé, en tenant compte du déchet normal, mais sans compter le déchet, dit de mobilisation, c'est-à-dire les hommes qui ne rejoindraient pas de suite, l'armée italienne, présente (sur le papier) comme effectif de combattants et non-combattants.

	1re CATÉGORIE. Hommes instruits.	2e CATÉGORIE. Hommes dont l'instruction est ébauchée.
Armée de première ligne :		
Armée permanente { sous les armes ..	245,000	»
Armée permanente { en congé illimité.	385,000	»
Réserve de complément	»	190,000
Armée de deuxième ligne :		
Milice mobile	195,000	»
Réserve de complément	»	175,000
	825,000	365,000
	1,190,000	

	1re CATÉGORIE.	2e CATÉGORIE.	3e CATÉGORIE. Non instruits.
Milice territoriale ...	310,000	215,000	1,160,000
		1,685,000	

TOTAL : **2,875,000 hommes.**

En cas de mobilisation, les classes les plus jeunes (probablement cinq classes), seraient versées dans les dépôts des corps actifs; les autres formeraient une réserve pour les corps de milice mobile.

Il faut observer que, sur les contrôles de l'armée permanente, figurent comme hommes instruits :

50,000 hommes n'ayant pas servi
200,000 ayant moins de 6 mois de service.

Sur ceux de la milice mobile :

70,000 n'ayant pas servi;
100,000 ayant moins de 6 mois de service.

Sur ceux de la milice territoriale :

1,000,000 d'hommes n'ayant pas été appelés.

Soit 1,420,000 à déduire du total ci-dessus; il resterait donc seulement **1,455,000 hommes utiles**.

Mais, la population de l'Italie étant de 30,565,000 habitants (1889), on doit compter, d'après la proportion admise en Allemagne et en France, et confirmée par l'expérience, au maximum, pour l'effectif du pied de guerre, 4.5 pour 100 de la population, soit 1,375,000 hommes; il paraît même douteux que ce chiffre puisse être atteint, même en admettant que soient réalisés les projets de prolonger la durée du service jusqu'à 42 et même jusqu'à 45 ans. Nous devons donc considérer les chiffres donnés plus haut comme dépassant de beaucoup les prévisions les plus probables.

Les ressources de l'Italie en chevaux ne s'élèvent qu'à 95,000 chevaux utilisables pour l'armée qui en exige environ 90,000 pour la mobilisation. Les réquisitions présenteraient donc de sérieuses difficultés.

En 1866, les convois et les parcs étaient attelés par des bœufs.

Division du territoire.

D'après la loi du 8 juillet 1883 et le décret du 5 juin 1884, l'Italie est divisée en 12 régions de corps d'armée, et 24 divisions militaires territoriales. Les troupes ne sont pas organisées en divisions actives.

L'infanterie forme, dès le temps de paix, 2 brigades correspondant à chaque division territoriale, mais les autres armes sont réparties, sur le territoire, d'une manière inégale.

Le territoire est divisé en 87 districts militaires ou circonscriptions de recrutement, qui sont groupés en trois grandes zones : Haute, Moyenne, et Basse Italie.

Dans le but de fusionner les éléments très divers fournis par le recrutement, chaque corps de troupe reçoit une partie de son contingent de chacune des trois zones.

Le recrutement de la milice mobile est régional (décret du 20 octobre 1888). En principe, les bataillons ne doivent se recruter que sur un ou deux districts. Les bataillons, appartenant à des districts voisins, sont groupés par trois pour former les régiments de milice.

Il existe 98 **compagnies permanentes de district** (76 districts ont une compagnie, 11 en ont deux), qui fonctionnent comme dépôts de recrutement et comme centres de mobilisation.

CORPS D'ARMÉE ET DIVISIONS MILITAIRES.

Régions de corps d'armée.	Divisions militaires territoriales.
1. **Turin**	1. Turin. 2. Novare.
2. **Alexandrie**	3. Alexandrie. 4. Coni.
3. **Milan**	5. Milan. 6. Brescia.
4. **Plaisance**	7. Plaisance. 8. Gênes.
5. **Vérone**	9. Vérone. 10. Padoue.
6. **Bologne**	11. Bologne. 12. Ravenne.
7. **Ancône**	13. Ancône. 14. Chieti.
8. **Florence**	15. Florence. 16. Livourne.
9. **Rome**	17. Rome. 18. Pérouse.
10. **Naples**	19. Naples. 20. Salerne.
11. **Bari**	21. Bari. 22. Catanzaro.
12. **Palerme**	23. Palerme. 24. Messine.

plus le commandement militaire de l'île de **Sardaigne** qui est rattaché à la 9e région.

Composition de l'armée.

I. — **L'armée active et ses réserves** comprennent les éléments principaux suivants (loi du 23 juin 1887) :

96 régiments d'infanterie (dont 2 de grenadiers) à 3 bataillons et un dépôt, formant 48 brigades;
12 régiments de bersaglieri à 3 bataillons et un dépôt;
7 — alpins à 3 bataillons (un rég. à 4 bataillons) et un dépôt;
24 régiments de cavalerie à 6 escadrons;
12 — d'artillerie de corps à 8 batteries et 2 compagnies du train;
12 régiments d'artillerie de campagne à 8 batteries et 1 compagnie du train;
5 régiments d'artillerie de forteresse (68 compagnies de forteresse ou de côte);
1 régiment d'artillerie à cheval à 6 batteries et 4 compagnies du train;
1 régiment d'artillerie de montagne (9 batteries);
4 régiments du génie, dont un comprenant les pontonniers (8 compagnies) et 4 compagnies de chemins de fer.

II. — La **milice mobile** doit former en temps de guerre :

48 régiments de ligne à 3 bataillons;
18 bataillons de bersaglieri;
22 compagnies alpines;
12 groupes (brigades) d'artillerie de campagne à 4 batteries;
1 groupe d'artillerie de campagne pour la Sicile;
36 compagnies de milice d'artillerie de forteresse;
9 batteries d'artillerie de montagne;
31 compagnies de milice du génie;
etc.

La milice sarde comprend :
10 bataillons, 1 escadron, 2 batteries.

III. — La **milice territoriale**, réorganisée en 1887, donnerait :

320 bataillons d'infanterie;
22 — alpins;
100 compagnies d'artillerie de forteresse;
30 — du génie;
etc.

IV. — Un **corps spécial d'Afrique**, institué par décret de 1887, recruté par engagements volontaires, comprend (fin 1890) :

2 bataillons de chasseurs à pied;
1 — bersaglieri;
1 batterie de montagne à 6 pièces et les services.

Environ : 110 officiers et 3,200 hommes européens.
6 bataillons, 2 escadrons et 1 batterie indigènes.

Environ : **215 Italiens dont 104 officiers;**
5,300 indigènes dont 48 officiers.

Troupes alpines.

Les troupes alpines ont une organisation spéciale.

Les compagnies alpines furent d'abord au nombre de 12, puis de 15, et réparties sur tout le périmètre des Alpes, depuis le col de Cadibone jusqu'aux sources du Tagliamento.

Elles ont été portées ensuite au nombre de 24 (1873).

Par décret du 30 août 1878, leur nombre fut élevé à 36, et elles furent réparties en 10 bataillons; en 1882, les troupes alpines furent formées à 72 compagnies, groupées en 20 bataillons et 6 régiments.

Enfin, la loi du 23 juin 1887 a porté à 75 le nombre des compagnies, qui sont actuellement groupées en 22 bataillons formant 7 régiments alpins.

Le développement continu de cette organisation est un indice des bons résultats qu'elle a donnés.

Du 1er octobre au 31 mars, généralement, les compagnies sont réunies par bataillon dans une garnison d'hiver; du 1er avril au 30 septembre, elles se disloquent pour aller occuper leurs emplacements d'été, points de départ des nombreuses marches qu'elles exécutent dans les vallées confiées à leur garde.

Les compagnies alpines sont recrutées avec soin parmi les hommes habitués à la marche dans les montagnes. Elles sont commandées par des officiers de choix.

Les hommes acquièrent une expérience et des aptitudes spéciales; ils sont rompus aux fatigues. On voit souvent leurs détachements sur la frontière, dont ils connaissent tous les obstacles. Nul doute que ces compagnies ne soient appelées à rendre d'importants services au début d'une guerre.

Le tableau suivant fait connaître les emplacements d'hiver et d'été des régiments et des bataillons.

MAGASINS de régiment et emplacements d'hiver des bataillons.	MAGASINS de bataillon.		EMPLACEMENTS D'ÉTÉ des compagnies.
1er régiment. **Mondovi.** (Mondovi, Turin.)	Pieve di Teco....	2e, 3e, 8e.	Pieve di Teco, Triora.
	Ceva..........	1re, 4e, 5e, 6e.	Ceva, Garessio, Cairo-Montenotte.
	Mondovi........	9e, 10e, 11e.	Mondovi, Chiusa di Pesio.
2e régiment. **Bra.** (Tende, Bra, Turin.)	Borgo, San-Dalmazzo........	12e, 13e, 14e, 15e.	Borgo, San-Dalmazzo, Tende et col.
	Vinadio.........	16e, 17e, 18e, 19e.	Vinadio, Demonte.
	Dronero........	20e, 21e, 22e, 23e.	Dronero, Costigliole, Saluzzo.
3e régiment. **Turin.** (Turin, Pignerol.)	Pignerol........	24e, 25e, 26e, 27e.	Pignerol, Luserne.
	Fenestrelle......	28e, 29e, 30e, 37e.	Fenestrelle, Oulx.
	Exilles..........	31e, 32e, 33e.	Bardonnèche.
4e régiment. **Ivrée.** (Ivrée, Turin, Suse.) 1 comp. au Mont-Cenis et 1 à Domo-d'Ossola.	Suse............	34e, 35e, 36e.	Suse, Mont-Cenis.
	Ivrée.........	38e, 39e, 40e.	Cuorgné, Bard.
	Aoste..........	7e, 41e, 42e, 43e.	Domo-d'Ossola, Aoste, Châtillon.
5e régiment. **Milan.** (Milan, Chiari.)	Morbegno.......	44e, 45e, 47e.	Morbegno, Sondrio, Chiavenna.
	Tirano..........	46e, 48e, 49e.	Tirano, Sondrio.
	Edolo...........	50e, 51e, 52e.	Edolo, Breno.
	Vestone.........	53e, 54e, 55e.	Vestone, Rocca d'Anfo, Salo.
6e régiment. **Vérone.** (Vérone, Bassano.)	Vérone.........	56e, 57e, 58e, 73e.	Caprino, Chiesanuova.
	Vicence.........	79e, 60e, 61e.	Schio, Velo-d'Astico, Valdagno.
	Bassano.........	62e, 63e, 74e.	Bassano, Asiago.
7e régiment. **Conegliano.** (Conegliano, Palmanova.)	Feltre..........	64e, 65e, 66e.	Feltre, Agordo.
	Pieve di Cadore..	67e, 68e, 75e.	Pieve di Cadore, Auronzo.
	Gemona.........	69e, 70e, 71e, 72e.	Tolmezzo, Gemona, Cividale.

Les troupes alpines ont un recrutement régional.

Elles se recrutent dans 22 circonscriptions de bataillons voisines de la frontière[1].

En cas de mobilisation, chacune de ces 22 circonscriptions fournit au bataillon correspondant ses réservistes. Elle forme, en outre, une compagnie de milice mobile et autant de compagnies de milice territoriale qu'il y a de compagnies dans le bataillon actif (75 compagnies territoriales en tout).

12	bataillons sont sur la	frontière	française;
3	—	—	suisse;
7	—	—	autrichienne.

L'effectif de ces troupes spéciales serait d'environ :

Pour les 75	compagnies	actives...............	23,000	hom.
— 22	—	de milice mobile......	6,400	—
— 75	—	— territoriale..	19,000	—
			48,400	hom.

Un régiment d'artillerie de montagne à 9 batteries actives, dont 4 sur la frontière autrichienne et 5 sur la frontière française, et 9 batteries de milice (2,700 hommes) sont destinés à opérer avec les troupes alpines.

En outre, les douaniers doivent concourir à la défense de la frontière (16,000 hommes). Ils sont organisés en 23 bataillons, dont 7 (5,000 hommes) sur la frontière continentale (décret du 24 octobre 1882).

[1] Par exception la 7e compagnie procède elle-même à son recrutement.

Mobilisation.

L'organe essentiel de la mobilisation est le district de recrutement.

Le matériel de mobilisation est dans les places de la Haute Italie; celui des états-majors et des troupes d'infanterie est conservé dans les magasins du district; celui des autres armes, ambulances, subsistances, etc., est confié à la garde du service de l'artillerie. Il n'y a pas de train des équipages organisé.

Les districts de recrutement doivent avoir tous les approvisionnements nécessaires à l'habillement, à l'équipement, et à l'armement des réservistes, des hommes de la milice mobile et de la milice territoriale. Ils habillent aussi les hommes du contingent de l'infanterie.

Par suite de la configuration géographique du pays et de l'insuffisance des chemins de fer la mobilisation sera lente. Aussi, a-t-on réduit les transports stratégiques au strict minimum, et l'armée italienne doit-elle se concentrer et se mobiliser simultanément, c'est-à-dire que la mobilisation n'a pas lieu sur place avant la concentration. Les corps doivent se rendre de suite sur les points de concentration et y recevoir leurs détachements de réservistes et les chevaux de réquisition.

On estime à 20 ou 25 jours cette période de formation que certaines précautions réduiront sans doute. C'est ainsi qu'une partie des régiments de cavalerie, d'artillerie, de bersaglieri, etc., appartenant aux corps d'armée de l'Italie péninsulaire sont, dès le temps de paix, en garnison dans la Haute Italie.

Sur 12 corps d'armée, 6 sont stationnés dans la plaine du Pô, 3 dans l'Italie centrale et 3 dans l'Italie méridionale. Ces derniers n'ont, pour ainsi dire, sur leur territoire, ni artillerie, ni cavalerie.

D'une manière absolue, les réservistes sont incorporés dans les régiments où ils ont servi; de là, par suite des changements de garnison, des mutations dans les directions à leur donner et des chances nombreuses d'erreurs ou de désordre. On doit s'attendre à un déchet de mobilisation très élevé.

L'armée mobilisée, ou **armée de première ligne**, doit comprendre **12 corps d'armée** et **3 divisions de cavalerie indépendante**.

Chaque corps d'armée ayant la composition suivante :

2 divisions d'infanterie (2 brigades à 2 régiments de 3 bataillons)......	24,500 fusils.
1 régiment de bersaglieri à 3 bataillons........................	720 sabres.
96 pièces (8 batteries d'artillerie divisionnaire et 8 de corps).........	32,000 rationnaires.
1 régiment de cavalerie à 6 escadrons.	
2 compagnies du génie...............	

La division de cavalerie indépendante compte 2,880 sabres et 12 bouches à feu.

L'**armée de deuxième ligne** doit être formée par **12 divisions de milice mobile** à 2 brigades (12,500 hommes par division), les divisions de milice seraient probablement rattachées aux 12 corps d'armée mobilisés, mais il est peu probable que l'on puisse en organiser plus de 6 ou 8.

Dans les conditions actuelles, on pense en Italie qu'en cas de guerre avec la France, les 6 corps d'armée de l'Italie septentrionale pourraient être réunis le 8e jour, dans les environs de Turin, avec leurs effectifs de paix mais avec une partie seulement de leur artillerie.

A partir du 5e jour, les autres corps [1] débarqueraient entre Alexandrie et Milan.

Vers le 15e jour, les 6 premiers corps auraient reçu leur artillerie et leurs réservistes.

C'est entre le 20e et le 25e jour seulement que la mobilisation et la concentration de l'armée italienne pourraient être

[1] Quatre ou cinq corps au plus à cause de la nécessité de ne pas dégarnir l'Italie péninsulaire, si exposée à un débarquement.

considérées comme terminées. (D'après d'autres calculs plus optimistes, vers le 16e jour.)

L'Italie a fait, depuis quelques années, des efforts considérables pour améliorer son état militaire.

En 1879, le budget de la guerre s'élevait à 165,732,413 fr. pour la partie ordinaire et à 6,984,118 fr. pour la partie extraordinaire, soit au total 172,716,531 fr.

Pour l'exercice 1888-1889 il atteignait 310,229,368 fr., soit 138,000,000 fr. d'augmentation en 10 ans. Beaucoup de bons esprits pensent en Italie que ces dépenses ont été exagérées et que l'heure des économies est venue.

L'armée italienne s'est fait remarquer par l'activité qu'elle a déployée depuis 20 ans dans toutes ses branches pour se constituer; mais ni l'intelligence, ni le dévouement, ne suffisent à créer de toutes pièces l'état militaire d'un pays. Il manque naturellement à cette jeune armée l'esprit de tradition et la cohésion, qui sont un des éléments principaux de force des autres armées européennes.

Le corps d'officiers est formé d'éléments hétérogènes provenant des troupes napolitaines, des troupes des duchés, des corps de garibaldiens, et de l'excellente petite armée piémontaise, qui a été le noyau de la nouvelle armée italienne.

Les cadres font défaut dans la milice mobile et dans la milice territoriale.

Le corps des sous-officiers se recrute difficilement.

Quant au soldat, sa valeur est fort inégale suivant son pays d'origine, au point de vue physique comme au point de vue moral. Les contingents des provinces du sud sont sensiblement inférieurs à ceux des provinces du nord, et, pendant longtemps sans doute, la force de résistance de l'Italie sera toujours dans le bassin du Pô.

Marine.

La flotte italienne comprend l'escadre d'opérations et les bâtiments destinés à la défense maritime locale.

L'escadre d'opérations est constituée par :

7 cuirassés d'escadre [1] (2 du type *Duilio*, 2 du type *Italia*, 3 du type *Ruggiero di Lanza*);

24 navires légers, croiseurs, éclaireurs et torpilleurs de haute mer.

Les caractères particuliers de cette flotte sont les dimensions considérables des cuirassés, la puissance de leur armement, la grande vitesse de la plupart d'entre eux, le nombre et la vitesse des éclaireurs. Toutefois, ces qualités sont plus apparentes que réelles.

On reproche, en effet, à ces vaisseaux géants d'avoir des machines compliquées, d'une délicatesse extrême, et des propriétés nautiques et évolutives insuffisantes.

Le type *Italia* n'a que des éléments défensifs insuffisants et un tirant d'eau excessif.

Sur les sept cuirassés, cinq filent au moins 16 nœuds, mais le *Duilio* et le *Dandolo* ne peuvent dépasser 14 nœuds. Dès lors, adjoindre ces deux cuirassés aux huit autres, c'est réduire à 14 nœuds la vitesse de la flotte; les en séparer, c'est diminuer notablement sa puissance de combat et la rendre très inférieure à celle de l'escadre que la France pourrait lui opposer dans la Méditerranée dès la déclaration de guerre.

La défense des côtes serait confiée aux navires de types anciens et aux torpilleurs de côte.

Ce sont :

7 frégates cuirassées;

1 bélier (l'*Affondatore* qui portait à Lissa le pavillon de l'amiral Persano);

[1] Deux autres grands cuirassés sont sur chantier; trois sont en projet.

3 corvettes cuirassées;

60	torpilleurs de 1re classe...	119 torpilleurs filant 17 à 21 nœuds.
38	— 2e — ...	
21	— vedettes.......	

On utiliserait encore un certain nombre de croiseurs, avisos et canonnières de types anciens.

Le grand nombre des torpilleurs, motivé par l'étendue des côtes à défendre et le grand nombre de points vulnérables constitue le caractère distinctif de la flotte destinée à la défense des côtes.

Le personnel de la flotte est de 18,200 hommes environ de toutes catégories.

Les inscrits maritimes donnent environ 3,500 hommes aptes au service de mer et classés en 1re catégorie; il faut ajouter 1000 hommes provenant de la levée générale.

Les inscrits maritime font 4 ans de service actif; les hommes provenant du contingent de terre font 3 ans seulement.

Le budget de la marine, qui était en 1884-1885 de 57,648,000 francs, s'est élevé pour 1888-1889 à plus de 123,000,000 francs.

NOTES

SUR L'EXPANSION COLONIALE DE L'ITALIE.

Les premiers efforts de l'Italie pour constituer son unité ont été, comme nous l'avons dit, encouragés et soutenus par la France.

Dès qu'elle commença à se sentir vivre, l'Italie prétendit prendre place à côté des grandes puissances et jouer un rôle sur les grandes scènes militaires de l'Europe.

Son riche patrimoine littéraire et artistique lui donnait la première place dans l'histoire de la civilisation moderne, mais cela ne suffisait pas à sa jeune ambition. Dès 1855, lors de la guerre de Crimée qui mettait aux prises la France, la Russie, et l'Angleterre, c'est-à-dire les trois plus grands États militaires de l'époque, le Piémont sollicita l'honneur de faire combattre ses soldats à côté de ceux de la France et une brigade piémontaise fut envoyée devant Sévastopol.

Nous avons dit plus haut combien fut rapide la croissance de l'Italie. Les dates de 1859, de 1866, et de 1870 en marquent les principales périodes, de même qu'elles rappellent aussi les phases de cette étonnante évolution politique qui de l'alliance française conduisit l'Italie latine à la conclusion de la *Triple alliance* germanique, tournée contre la France.

A l'époque où les relations de la France et de l'Italie, établies sur une mutuelle confiance et fortifiées par l'amitié qui unissait l'empereur Napoléon III et le roi Victor Emmanuel, ne permettaient pas de soupçonner un si prompt revirement, l'empereur Napoléon, rêvant l'union et le développement des races latines, avait songé à partager avec l'Espagne et avec l'Italie le domaine du bassin occidental de la Méditerranée. A l'Espagne, il avait montré le Maroc; il réservait à l'Italie la Tunisie.

Par l'expédition de 1859, l'Espagne essaya, mais sans succès, de prendre pied sur la terre africaine.

Quant aux hommes d'État italiens, ils furent plus prudents; M. de Cavour, ministre de Victor Emmanuel, répondit que l'Italie n'était pas encore assez riche pour s'offrir le luxe d'une Algérie tunisienne. Mais une bien séduisante perspective avait ainsi été ouverte aux convoitises italiennes, et, dès ce moment, l'Italie s'habitua à considérer la Tunisie comme un bel héritage dont elle prendrait possession, quand elle serait plus grande.

Ce projet de partage de l'Afrique septentrionale était extrêmement préjudiciable aux intérêts français[1]. Il était fort dangereux de laisser s'établir sur nos frontières algériennes une influence européenne quelconque qui pourrait, un jour ou l'autre, devenir hostile. Nous ne pouvions permettre non plus que l'Italie, déjà maîtresse des côtes de Sicile, de l'île de Pantellaria, et des îles Pélagie, occupât également les côtes africaines du détroit de Sicile et fût ainsi en position de barrer à nos flottes les routes maritimes qui font communiquer le bassin oriental et le bassin occidental de la Méditerranée.

En 1878, au moment des négociations relatives au traité de Berlin, l'Angleterre et l'Allemagne offrirent à la France de lui laisser toute liberté en Tunisie, en compensation des avantages politiques qu'elles se

[1] Voir tome VI, *Algérie et Tunisie*.

réservaient en Orient, l'Angleterre en occupant Chypre, l'Allemagne en réglant, suivant ses vues, les affaires de la Péninsule des Balkans. On ne se préoccupa guère du mécontentement que pourrait en éprouver l'Italie.

Bientôt les circonstances permirent à la France d'établir son protectorat sur la Tunisie.

L'Italie en conçut une profonde amertume; elle n'avait donc pas grandi assez vite, puisque dans les Conseils de l'Europe, on semblait tenir si peu de compte d'elle, et, pourtant, on avait caressé ses rêves ambitieux d'avenir, en lui disant qu'elle était l'héritière de la Rome antique, qu'elle aurait quelque jour, la prédominance dans le bassin de la Méditerranée et qu'elle remplacerait la France devenue trop vieille.

Toujours est-il que l'amour-propre froissé, les espérances déçues obscurcirent, dans certains esprits, la juste appréciation des choses. Tandis qu'en réalité la France n'avait fait que prendre les garanties indispensables à sa sûreté, sans que sa sympathie traditionnelle pour l'Italie en fût atteinte et sans qu'elle eût d'ailleurs à se reprocher d'avoir méconnu un droit antérieur d'une puissance amie, on pût, grâce à l'impressionabilité du caractère national, répandre en Italie cette opinion que la France lui avait fait injure et avait perpétré un rapt à son préjudice.

Telle a été la cause première de l'orientation, franchement hostile à notre égard, que certains hommes d'État donnèrent à la politique italienne. L'Italie se tourna vers l'Allemagne; on parla ouvertement des préparatifs de guerre à faire contre nous. Les moindres incidents furent dénaturés, comme à plaisir, pour aigrir les rapports entre les deux pays. Les passions *misogalle* furent, à certains moments, bien singulièrement excitées; enfin, une rupture commerciale, provoquée par l'Italie, semblait ne devoir être que le prélude d'une rupture plus complète. Cette effervescence s'est, depuis, en partie calmée et se calmera sans doute davantage; mais il était nécessaire de rappeler cette phase de l'histoire contemporaine pour mieux comprendre le développement de la politique coloniale de l'Italie.

En effet, peu de temps après, la tension des rapports survenue entre la France et l'Angleterre au sujet des affaires d'Égypte, allait fournir à l'Italie une occasion de dépenser son activité extérieure, tout en manifestant sa rancune à notre égard.

Lorsque l'Angleterre se décida à intervenir militairement en Égypte, où la France avait de grands intérêts et une influence politique ancienne, elle dut lui proposer une action commune, c'est-à-dire la coopération de la flotte anglaise et celle d'un corps expéditionnaire français; mais il ne convenait plus à la France de jouer le rôle de soldat continental de l'Angleterre qu'elle avait commis l'erreur d'accepter en 1855 contre la Russie.

Cette abstention complète n'était plus sans inconvénient, mais elle a eu du moins l'avantage d'éviter à la France les difficultés dans lesquelles la révolte du Soudan l'aurait fatalement entraînée. C'est, en effet, aux troupes françaises qu'aurait été imposé le devoir de secourir Khartoum, et elles n'y auraient sans doute pas apporté la même prudence que les Anglais.

L'Italie, toujours empressée, et sans doute aussi désireuse de montrer qu'elle était arrivée à l'âge des entreprises coloniales, offrit son concours, qui fut accepté

Colonie d'Érythrée.

Déjà, depuis 1869, la Compagnie italienne de navigation, Rubattino, avait acquis sur la côte africaine de la mer Rouge, près du détroit de Bab-el-Mandeb, le territoire d'**Assab** pour en faire une escale. La prise de possession effective en avait été réalisée en 1881.

Lorsque l'Angleterre eut à combiner une opération vers le Soudan, en prenant deux bases, l'une sur le Nil et l'autre sur la mer Rouge, elle occupa Souakim sur la mer Rouge; l'Italie, de son côté, envoya des troupes à Massaouâ pour y remplacer la garnison égyptienne (1885).

Massaouâ est le principal port de l'Abyssinie. C'est son débouché commercial en même temps que la base des opérations militaires contre ce pays. Les Égyptiens s'en étaient emparés en 1866. C'est là que les Anglais avaient débarqué, en 1868, un corps expéditionnaire, chargé d'une exécution militaire contre le négus Theodoros.

La France avait d'anciens droits sur la baie voisine de Zoulla (Adoulis) qui lui avait été cédée en 1859 par un roi du Tigré, ainsi que sur les îles d'Ouda et de Dessi. Elle n'en avait pas profité, mais l'Angleterre les avaient formellement reconnus en 1868. En outre, depuis quarante ans, à la suite de traités conclus en 1843, l'influence française s'exerçait sur l'Abyssinie par ses missionnaires, dont un des établissements principaux était à Keren, dans le pays des Bogos.

Non seulement l'Italie n'observa pas à notre égard la courtoisie montrée par les Anglais au sujet de la réserve de nos droits sur Zoulla, mais encore ses procédés à l'égard du consul français de Massaouâ motivèrent des observations et cette affaire aurait pu s'envenimer si la France n'avait pas jugé préférable de ne pas insister sur ses justes réclamations.

De leur côté, les Abyssins qui revendiquaient toujours le port de Massaouâ, tentaient de s'opposer par la force à sa prise de possession par les Italiens et à leur marche vers l'intérieur. L'Italie se trouva ainsi engagée dans une guerre dont l'expérience du passé montrait les difficultés [1]. Leurs progrès furent très lents.

Ils purent toutefois profiter des dissenssions des chefs du pays et, tantôt négociant, tantôt combattant, ils occupèrent, en 1889, Keren et Asmara ; ils déclarèrent leur protectorat sur la côte depuis Ras Kasar au nord jusqu'à et y compris Raheita au sud (limite du territoire français d'Obock) ; et ils conclurent (1889) avec Ménélik, roi du Choa, un traité qui, selon eux, plaçait l'Abyssinie entière sous leur protectorat, mais auquel Ménélik refusa depuis de reconnaître cette portée qui n'était pas explicite dans la traduction en abyssin.

Enfin, ils manifestèrent l'intention d'occuper **Kassala** qui est une tête des routes vers le Nil. Ils se heurtèrent alors à l'opposition des Anglais.

[1] Voir tome V, le *Levant* et le *Bassin de la Méditerranée.*

Ces difficultés résultent du climat, de la nature du pays, de l'absence de routes et surtout du caractère guerrier de la population.

En 1868, les Anglais avaient débarqué 18,000 combattants et 27,000 suivants. Ils avaient réussi à atteindre et à prendre Magdala, la forteresse centrale, mais leur marche avait été des plus pénibles.

En 1876, une colonne égyptienne de 2,000 hommes, commandée par un officier suédois, débarquée à Massaouâ, avait été cernée et détruite.

En 1876, une nouvelle expédition égyptienne, partie de Massaouâ, avait éprouvé un nouvel échec tandis qu'une colonne, partant du Nil, se faisait complètement battre sur le Mareb et perdait 16 canons, 12,000 fusils.

Les territoires sur lesquels l'Italie étendait ainsi son action et qu'elle prétendait placer sous son influence reçurent en 1890 le nom officiel de colonie d'**Érythrée.**

Ils comprennent :

La côte depuis Ras Kasar au nord jusqu'à Raheita au sud, environ 1,070 kil. Les points principaux sont :

Assab, acquis depuis 1869, occupé depuis 1881, environ 5,000 habitants;

Massaouâ, occupé en 1885, 16,000 habitants et 1,100 Européens;

les îles et le territoire voisin 63,000 habitants.

Keren, 20,000 habitants, ville des Bogos, peuple chrétien, occupée en 1890.

Asmara, ville de l'Abyssinie;

les îles **Dahlak**, **Ouda**, et **Dessi**, à peu près inhabitées.

Mais les sacrifices en hommes et en argent faits pour cette conquête ont paru disproportionnés avec les résultats obtenus et l'on craignit d'avoir à les continuer, peut-être même à les augmenter sans profit suffisant.

Le changement de direction de la politique italienne qui, au commencement de 1891, fut la conséquence de la chute du ministère Crispi, ramena à des proportions plus prudentes l'entreprise ainsi commencée et dont les dangers devenaient inquiétants.

Le gouvernement italien a déclaré (avril 1891) qu'il observerait, en ce qui concerne les affaires d'Afrique, une attitude de *réserve* et de *recueillement* et il a limité à environ un millier d'Européens l'effectif des troupes d'occupation.

Mais il fallut encore rendre la France responsable de la ruine d'espérances trop hâtivement conçues et une partie de la presse italienne, prétendit attribuer aux missionnaires français, à nos voyageurs, même à des agents secrets, le changement d'attitude de Ménélik, et la rupture du soi-disant traité de protectorat.

Côtes orientales d'Afrique.

Les Italiens ont également voulu participer au partage des côtes orientales d'Afrique.

Par une convention de 1889 avec le chef d'**Hopia**, ils s'attribuèrent les côtes depuis le cap Bedouin (8° lat. N) jusqu'au Ras Aouad (2° 30' lat. N.); ils voulurent plus tard étendre leur influence plus au sud; mais ils se trouvèrent en conflit avec la *Compagnie anglaise de l'Afrique orientale* qui avait déjà obtenu du sultan de Zanzibar l'exploitation des ports de Kismayou, Braoua, Merka, Mouqdischa, Ouarcheick.

Le gouvernement anglais limita d'ailleurs ses possessions à la rivière Djouba.

Un accord de 1891 fixe pour limites entre la zone italienne et la zone anglaise : la rivière Djouba, jusqu'à 6° lat. N.; le parallèle de 6° jusqu'au méridien 35° E de Greenwich (32° 40' E de Paris) et ce méridien jusqu'au Nil bleu, la Compagnie anglaise de l'Afrique orientale conservant d'ailleurs le droit de poursuivre ses entreprises dans la zone attribuée à l'Italie.

L'Italie voit ainsi, compris dans son lot, le pays de Kaffa au sud de l'Abyssinie et elle conserve l'espérance de réunir un jour sa façade de la mer Rouge à celle de l'océan Indien. Elle aurait ainsi une des plus belles parties de l'Afrique, composée de plateaux et de montagnes élevées et bien arrosées, d'un climat favorable aux Européens, et offrant peut-être de bonnes conditions d'avenir.

L'Italie y trouvera-t-elle une colonie d'exploitation ou une colonie de peuplement; pourra-t-elle, créer sur une terre italienne, des établissements pour les milliers d'émigrants qui, chaque année, chassés par la misère, vont chercher du travail à l'étranger : en France, en Algérie, dans les ports de la Méditerranée, dans la République Argentine, aux États-Unis, où ils portent en même temps qu'une activité parfois turbulente leurs appréciables qualités d'intelligence, de résistance à la fatigue, de capacité au travail agricole ou industriel.

RÉPUBLIQUE DE SAN-MARINO.

Un des contreforts de l'Apennin, le mont **Titan** (780^{m}), se termine par un rocher la **penne** de **San-Marino**. Un monastère y fut construit et devint le noyau d'une commune, qui, au XIIIe siècle, se constitua en république. Son autonomie a été reconnue (22 mars 1862) par le roi d'Italie qui lui accorde une subvention.

L'étendue de son territoire est d'environ 60 kilomètres carrés, avec une population de 8,000 habitants, répartie entre le chef-lieu et les villages.

La ville est bâtie près du sommet de la montagne. On ne peut y arriver qu'à cheval. Une route qui conduit à Rimini, à 20 kilomètres environ, part d'un borgo, au pied des hauteurs.

MALTE.

Entre la Sicile et l'Italie, se trouve l'île de Malte, aux mains des Anglais depuis 1800, importante position stratégique qui commande les mers italiennes.

Malte est située à 25 lieues de la Sicile et à 60 lieues environ des côtes d'Afrique.

Le port de La Valette est un des mieux abrités et des plus spacieux que l'on connaisse. Les grands navires peuvent accoster à quai.

Les Anglais ont couvert Malte de fortifications ; ils y ont accumulé des approvisionnements, de l'artillerie, des munitions en nombre si considérable que l'île est réputée imprenable. Ils y entretiennent toujours une garnison fort élevée.

(*Voir tome V, Le Levant et la Méditerranée.*)

NOTE SUR BOLOGNE [1].

La fortification de cette place comprend trois parties :

a) Le noyau ;
b) L'enceinte continue située en avant ;
c) Les ouvrages détachés.

a) Le noyau consiste en un corps de place d'ancien système, enfermant toute la ville; ce corps de place est mal bâti en certaines parties, mais son ensemble est bon et son état d'entretien est suffisant pour le mettre à l'abri d'un coup de main.

b) L'enceinte continue, située à environ 500 mètres en avant du noyau, se compose d'un parapet de très faible profil, sans fossé, et précédé de flèches. Le tout est en terre et si insignifiant, si déformé, si couvert de végétation, qu'on a de la peine à y reconnaître des ouvrages de fortification.

c) Les ouvrages détachés sont situés les uns dans la plaine, les autres sur les hauteurs qui couronnent Bologne au sud. Ils sont tous en terre avec un certain nombre d'abris blindés en bois; ils sont, en général, comme tracé et comme profil, de très petite dimension; les uns sont à peine entretenus; les autres tombent *en ruine*, comme le *fort du mont Paderno*, par exemple. La tête de *pont de Casalecchio* sur le Reno, qui relie, sur le front ouest, les forts de la plaine aux hauteurs de la Madone de Saint-Luc, est un ouvrage en ruine, sans aucune valeur et complètement dominé sur son front, à portée de fusil, par les pentes du mont Capra.

Les forts détachés de la plaine sont situés sur les routes qui de Bologne se dirigent en éventail vers le Pô, à 1000 ou 1,500 pas du noyau, c'est-à-dire à une distance trop rapprochée pour mettre la ville, ses magasins et ses établissements à l'abri d'un bombardement, et pour donner un abri assuré aux troupes de sortie campées à l'intérieur de la place. Il y a bien.

[1] D'après le colonel von Haymerlé, *Italicæ Res.*

au sud, des emplacements favorables au campement des troupes sur les hauteurs qui s'étendent entre le Reno et la Savena, hauteurs couronnées, ainsi qu'il a été dit précédemment, par la ceinture de forts qui va de Saint-Luc à Iola par Paderno ; ce massif manque d'eau.

On voit, par cette courte description, que la place de Bologne, destinée à constituer le refuge principal des armées italiennes et à s'opposer, par la défense de l'Appenin, à une invasion de l'Italie centrale, ne possède ni la force défensive ni les qualités offensives nécessaires; elle ne réunit sous aucun rapport les conditions que le système de guerre actuel réclame des grandes forteresses d'armée.

Il y a bien un grand projet qui doit donner à la place les qualités d'un camp retranché constitué selon les idées modernes, en faisant entrer dans son périmètre les hauteurs du mont Calvo à l'est, du mont Capra à l'ouest, du mont Sabino au sud, et en poussant de solides ouvrages dans la plaine. Ce projet comporterait également la construction d'un groupe de forts détachés sur les hauteurs de Montebudello et de Monteveglio, au sud de Bazzano, ayant pour objet de s'opposer à un mouvement tournant par les routes nouvellement construites, qui se détachent de la voie Émilienne à l'est de Modène, et conduisent par Vergote à la route et au chemin de fer de la Poretta, mais la réalisation d'un pareil projet est encore bien éloignée.

INDEX ALPHABÉTIQUE.

GRANDES ALPES—SUISSE

ITALIE

FRONTIÈRE FRANCO-ITALIENNE

Forts et Chemins de fer

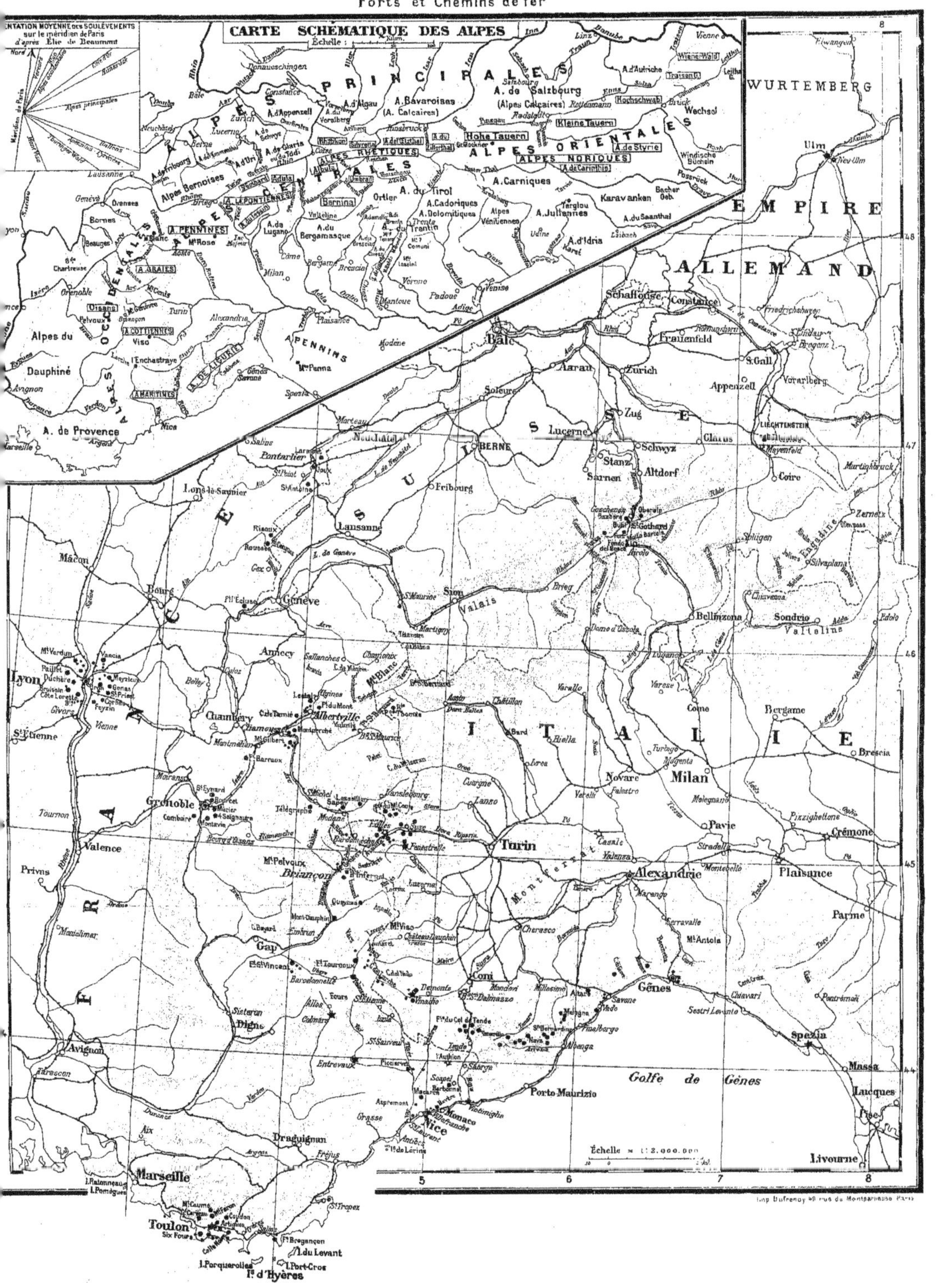

TABLE DES MATIÈRES.

III

www.ingramcontent.com/pod-product-compliance
Ingram Content Group UK Ltd.
Pitfield, Milton Keynes, MK11 3LW, UK
UKHW020113200726
13856UKWH00002B/530

9 782013 480451